"十三五"职业教育汽车类专业"互联网+"创新教材

汽车焊接工艺

主　编　郑烨珺　徐　敏
副主编　周志巍
参　编　唐明斌　张璐嘉　华德余
主　审　叶建华

机械工业出版社

"汽车焊接工艺"是培养汽车焊接工作岗位群实践技能的一门必修课程，是汽车车身修复专业课程体系的重要组成部分。本书是"十三五"职业教育汽车类专业"互联网+"创新教材，本书内容主要包括车身板件的分离、切割，车身板件焊接前的校正定位，车身焊接作业标准，车身焊接作业，车身板件更换与维修和车身板件胶粘铆接技术六个项目。教材配套"数字资源"，凸显立体化、信息化，根据不同的知识特点，配置动画、视频等数字资源，学习者可以通过扫描二维码进行学习。

本书既可作为汽车车身修复专业核心课程教材，也可以作为汽车运用与维修专业钣金方向教材，或作为技能培训、等级工考核等的参考书。

为方便教学，本书配有电子课件，凡选用本书作为授课教材的教师，均可登录 www.cmpedu.com 以教师身份免费注册、下载电子课件。

图书在版编目（CIP）数据

汽车焊接工艺 / 郑烨珺，徐敏主编. — 北京：机械工业出版社，2020.7（2024.1重印）

"十三五"职业教育汽车类专业"互联网+"创新教材
ISBN 978-7-111-65824-5

I. ① 汽… Ⅱ. ① 郑… ② 徐… Ⅲ. ① 汽车 — 焊接工艺 — 职业教育 — 教材 Ⅳ. ① U472.4

中国版本图书馆CIP数据核字（2020）第099077号

机械工业出版社（北京市百万庄大街22号　邮政编码100037）
策划编辑：曹新宇　　责任编辑：曹新宇
责任校对：李　杉　　封面设计：鞠　杨
责任印制：单爱军
北京虎彩文化传播有限公司印刷
2024年1月第1版第4次印刷
184mm×260mm・15.25印张・370千字
标准书号：ISBN 978-7-111-65824-5
定价：59.00元

电话服务　　　　　　　　　网络服务
客服电话：010-88361066　　机　工　官　网：www.cmpbook.com
　　　　　010-88379833　　机　工　官　博：weibo.com/cmp1952
　　　　　010-68326294　　金　书　网：www.golden-book.com
封底无防伪标均为盗版　　　机工教育服务网：www.cmpedu.com

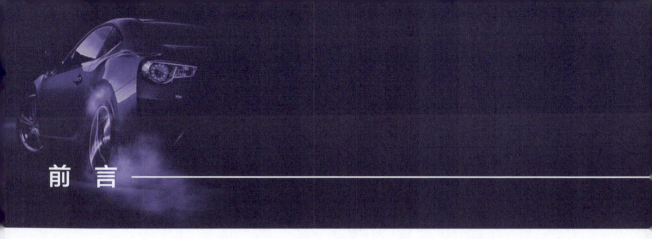

前　言

　　本书根据《国家职业教育改革实施方案》《教育信息化 2.0 行动计划》以及职业教育"1+X"证书制度改革的精神编写。"汽车焊接工艺"是培养汽车焊接工作岗位群实践技能的一门必修课程，是汽车车身修复专业课程体系的重要组成部分，是培养汽车钣金焊接维修技术人才必不可少的重要课程。通过本课程的学习使学生了解焊接和切割方法的特点和应用，从而进一步掌握汽车板件的焊接和切割工艺，培养学生分析焊接工艺缺陷和材料焊接性的基本能力，同时培养学生的逻辑思维能力和分析问题与解决问题的能力。

　　在教材开发的过程中，编写组坚持教材教学内容来源于实际工作任务，与汽车焊接工工作任务对接，以焊接工工作过程为教学过程，通过高度模拟实际工作内容的项目化课程培养综合素养、技能优秀的汽车修复人才。本教材教学内容以"项目导向"为编写主线对接实际工作任务，打破传统教材"篇、章、节"的编排方式，以学生需求为出发点设计模块化学习内容。

　　本教材以"数字资源"为支撑，凸显立体化、信息化，根据不同的知识特点，配置动画、视频等数字资源，并在相应的知识点附近配备二维码，学习者可以通过扫描二维码调取数字资源进行学习。

　　本教材的编写严格经过教材定位、调研研讨、编写初稿、专家论证等阶段，经过多位行业专家的指导，最终提炼出了 6 个典型工作项目、12 个工作任务，各项目课时分配见下表。

项目	项目名称	课时
一	车身板件的分离、切割	8
二	车身板件焊接前的校正定位	8
三	车身焊接作业标准	8
四	车身焊接作业	18
五	车身板件更换与维修	10
六	车身板件胶粘铆接技术	8
	合计	60

本书由上海市曹杨职业技术学校郑烨珺和徐敏任主编，上海交通职业技术学院周志巍任副主编，世界技能大赛中国组专家叶建华主审，上海市曹杨职业技术学校唐明斌、张璐嘉，上海市交通学校华德余参与编写。本书在编写过程中得到了上海大众核心职业能力提升培训团队陈云富以及上海景格科技有限公司的帮助，在此表示衷心感谢！

　　由于编者水平有限，书中难免存在不妥和疏漏之处，恳请各位读者批评指正。

编　者

二维码索引

序号	二维码	页码	序号	二维码	页码	序号	二维码	页码
1	单动打磨机	3	5	氧乙炔火焰类型	29	9	氧乙炔割炬切割厚钢板	31
2	双动打磨机	3	6	氧乙炔火焰的选用及调节	29	10	氧乙炔割炬切割薄钢板	31
3	等离子切割机	16	7	氧乙炔焊接方向	29	11	半自动电子测量系统	42
4	氧乙炔切割设备	19	8	氧乙炔焊接火焰调整	30	12	汽车维修专用夹具—大力钳	49

(续)

序号	二维码	页码	序号	二维码	页码	序号	二维码	页码
13	汽车车身功用	55	19	氧乙炔焊焊炬的调整操作	68	25	气体保护焊焊接	86
14	汽车发展史	55	20	惰性气体保护焊焊接设备	69	26	惰性气体保护焊送丝驱动	88
15	车身可拆卸连接方式	62	21	电阻点焊原理	69	27	焊炬结构	89
16	螺栓与螺母直接连接	63	22	电阻点焊机的调整	70	28	导电嘴	90
17	螺栓与焊接螺母连接	63	23	钎焊焊接原理	70	29	供气装置	90
18	车身不可拆卸连接方式	65	24	气体保护焊焊接工作原理	85	30	焊接电弧电压对焊接质量的影响	93

（续）

序号	二维码	页码	序号	二维码	页码	序号	二维码	页码
31	惰性气体保护焊焊接参数的调整——焊接电流	94	37	保护气体流量调整	97	43	连续焊	103
32	焊接标准距离	95	38	焊接速度与母材厚度的关系	97	44	塞焊	105
33	焊接方向及角度	95	39	惰性气体保护焊焊接参数的调整——送丝速度	98	45	点焊	106
34	前进法	96	40	剪去过长焊丝	100	46	搭接点焊	106
35	后退法	96	41	惰性气体保护焊的焊接位置	101	47	连续点焊	107
36	保护气体流量对焊接质量影响	96	42	定位焊	103	48	焊件表面间隙	131

(续)

序号	二维码	页码	序号	二维码	页码	序号	二维码	页码
49	电阻点焊机	133	55	切割定位	165	61	焊接施工作业完成	169
50	电阻点焊机的调整	138	56	切割板件	165	62	冲压铆接	200
51	电阻点焊破坏性试验	143	57	二氧化碳气体保护焊的试焊	166	63	标记好切割位置	209
52	电阻点焊非破坏性试验	144	58	对待焊板件进行定位作业	167	64	切割分离板件	209
53	清洁板件	163	59	二氧化碳气体保护焊焊接	167	65	电阻点焊焊点去除	210
54	划线定位	165	60	电阻点焊试焊	168	66	移除损坏板件	211

（续）

序号	二维码	页码	序号	二维码	页码	序号	二维码	页码
67	背板修整	211	72	加强件的涂胶与安装	215	77	金属填充剂的打磨	219
68	加强件的修整与安装	212	73	车身背板的涂胶作业	215	78	拆除损伤板件	222
69	预拼装	213	74	铆接作业	216	79	前纵梁前端的更换	223
70	标记冲压铆接与盲铆接位置	213	75	接缝处理	218			
71	板件清洁	214	76	金属填充剂的使用及干燥	218			

IX

目 录

前言

二维码索引

项目一　车身板件的分离、切割 ··· 1
　　任务一　车身板件的分离技术 ·· 2
　　任务二　车身板件的切割技术 ··· 15

项目二　车身板件焊接前的校正定位 ·· 35
　　任务一　车身板件校正尺寸 ··· 36
　　任务二　车身板件定位 ·· 48

项目三　车身焊接作业标准 ··· 53
　　任务一　车身板件连接方式的认知 ·· 54
　　任务二　焊接的作业标准 ··· 75

项目四　车身焊接作业 ··· 83
　　任务一　气体保护焊焊接作业 ·· 84
　　任务二　电阻点焊焊接作业 ··· 122

项目五　车身板件更换与维修 ······ 151
任务一　非结构性板件更换 ······ 152
任务二　结构性板件分割与连接 ······ 173

项目六　车身板件胶粘铆接技术 ······ 193
任务一　胶粘铆接介绍 ······ 194
任务二　胶粘铆接技术的运用 ······ 207

项目一　车身板件的分离、切割

在汽车车身外板件及车身结构件分离、切割操作中,所用的工具相对较多,应根据车身的连接方式,选择合适的工具对车身板件进行分离、切割。常用的分离、切割工具有磨削工具、气动工具、等离子切割机和氧乙炔割炬等。

整体式车身在制造过程中多采用电阻点焊的形式将车身构件连成一体,增加了整个车身的强度,但是这也给车身维修带来了一定的困难,在车身维修中,当损伤严重时要对一些结构件进行更换修理,更换前必须对损伤的结构件进行分离、切割。

任务一
车身板件的分离技术

任务目标

知识目标	1. 列出汽车车身板件分离常用的气动工具。
	2. 列出汽车车身板件分离常用的手动工具。
能力目标	1. 能完成汽车车身电阻点焊焊点分离。
	2. 能完成汽车车身连续焊焊缝分离。
	3. 能完成汽车车身钎焊区域分离。

知识准备

一、汽车车身板件分离的气动及手动工具

在车身板件分离操作中,所用的手动工具和气动工具相对较多,应根据车身的连接方式,选择合适的工具对车身板件进行切割。常用的分离工具有气动磨削工具、气动切割锯、气动点焊去除钻等,因为气动工具相比于电动工具,具有重量轻、体积小的特点,有效地减轻工人劳动强度,并且安全可靠,气动工具一般采用调速机(高速控制机构)控制,可使工具工作更为安全。

(一) 气动磨削工具

气动磨削工具主要用于对金属表面进行打磨,可对金属表面的锈蚀和油漆进行打磨作业。

1. 单动打磨机

单动打磨机通过旋转运动来研磨,围绕打磨机头部的圆心旋转,转轴在圆心处,如图1-1所示。单动打磨机没有吸尘的作用,目前在维修作业中运用比较少。单动打磨机衬垫的中心和外侧的旋转速度不同,会产生研磨不均匀的情况,但是其切削能力比较大,使用时装上打磨砂纸可以快速打磨钢板表面的旧漆层,打磨速度快。

2. 双动打磨机

双动打磨机通过比较复杂的两重旋转运动来研磨,相比于单动打磨机,切削能力较差,但是可以配合多种目数的砂纸进行打磨,如图1-2所示,双动打磨机以偏离打磨头部的圆心

作为中心转轴，旋转时则围绕这个偏心轴进行旋转。双动打磨机具有吸尘的功能，可以配合移动式集尘器或者集尘袋进行打磨粉尘的集中，使用较为广泛。

单动打磨机

a)   b)

图 1-1　单动打磨机

a）单动打磨机的外形　b）单动打磨机旋转轨迹

双动打磨机

a)   b)

图 1-2　双动打磨机

a）双动打磨机的外形　b）双动打磨机旋转轨迹

3. 环带打磨机

环带打磨机是利用安装在主动轮与从动轮之间的环型砂带打磨工作面的，如图 1-3 所示，可以根据使用场合、打磨对象的不同选用不同粒度的打磨带及调节不同的打磨速度，在汽车车身修复中，主要用于金属板件上焊点、焊道等较窄范围的打磨，如残留在板件上的焊渣、焊瘤和焊点等，都可以使用环带打磨机将这些缺陷打磨掉。

4. 气动角磨机

气动角磨机具有小直径打磨机的功能，如图 1-4 所示，主要用于对金属表面的打磨，去除金属表面的伤痕，对焊点凹面进行打磨，更适合对小范围区域进行打磨，对焊接后的焊疤打磨特别有效，能够快速将焊疤打磨平整。

图 1-3 环带打磨机

图 1-4 气动角磨机

5. 气动研磨机

气动研磨机配合可旋转的带齿牙橡胶轮可以用于去除自干胶箔或其他具有黏性的物质、大面积的装饰区域、装饰条背面的黏性残留物、原厂车标（金属、铝合金、玻璃或是玻璃纤维），如图 1-5a 所示。气动研磨机配合除锈轮（不锈钢刮丝带），适用于所有的合金（如铝合金、不锈钢和黄铜等），用于去除金属表面的锈蚀，如图 1-5b 所示。

a) b)

图 1-5 气动研磨机
a）气动研磨机搭配橡胶轮 b）气动研磨机搭配除锈轮

（二）气动切割锯

在汽车车身维修中，气动切割锯是常用的工具之一，主要用于金属（钢板、塑料件、铝板）结构件、外部面板的分离，如图 1-6 所示。在钣金维修作业中常用的往复式切割锯如图 1-7 所示。

往复式切割锯是将压缩空气引入气缸内，通过控制进气口和排气口使活塞往复运动而带动前部锯片进行工作，锯片的切削部分由许多锯齿组成，锯齿排列方式呈左右交替凸出状，主要为交错型与波浪形形式，以便锯削时锯条活动自如与排屑顺畅，防止锯条被锯缝夹住而折断，并可减少锯条与锯缝两侧金属板的摩擦，降低锯切温度。锯削后锯缝的宽度一般略大于锯条厚度。

图 1-6 板件分离切割

锯片齿数是指每英寸长度内锯齿的数量,通常会在数字后面加"T"表示。锯齿齿数的选用是锯削关键因素,由加工材料的厚度和硬度来决定。

分离、切割车身不同厚度、不同材质的金属板件时,需要使用不同锯齿的锯片,如图1-8所示,一般分为:

1)32齿锯片。用于1mm以下的铁板锯削。

2)24齿锯片。用于多层的铁板,厚度在4mm以下。

3)18齿锯片。曲线切割较软的材质,如安装音响扬声器时使用。

4)14齿锯片。用于锯切铝或塑料等较软的材料。

图1-7 在钣金维修作业中常用的往复式切割锯

图1-8 气动切割锯锯片

(三)气动錾子

气动錾子能快速进行粗切割作业,节省大量时间,还能破开咬死的减振器螺母,以及去除焊接溅出物和破碎焊点。气动錾子如图1-9所示。

(四)气动焊点去除钻

气动焊点去除钻可以进行车身电阻点焊焊点的去除分离,利用特殊的钻头可以将电阻点焊后构件的上层板面钻穿,保证在分离板件的同时不损伤下层板件,如在车身后侧围板、车门立柱等部位的点焊熔核都可以使用气动焊点去除钻将焊点钻除分离,安在气动焊点去除钻上的C形臂也可以避免不必要的费力并减缓磨屑的刺入。气动焊点去除钻如图1-10所示。

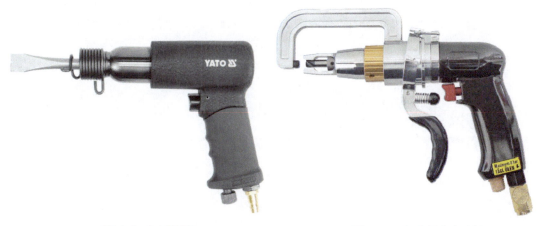

图1-9 气动錾子　　　　图1-10 气动焊点去除钻

（五）点焊钻头研磨机

点焊钻头研磨机是用于点焊钻头修磨的机器，如图1-11所示，可以将因使用造成的磨损、缺口或不锋利的钻头进行研磨修复，使之达到翻新使用的需求，以保证钻头的切削刃角度。

（六）打孔器

打孔器分为手动打孔器和气动打孔器两种，大小有6mm与8mm之分，用于车身板件塞焊时在新板件上打孔的操作，如图1-12所示。

图1-11　点焊钻头研磨机

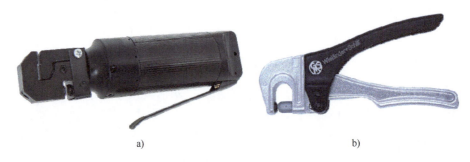

图1-12　打孔器

a）气动打孔器　b）手动打孔器

（七）折边机

折边机用于车身板件搭接接缝的折边或车门等内外板的折边成形，如图1-13所示。

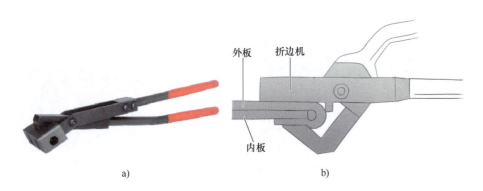

图1-13　折边机

a）折边机的外形　b）折边机工作示意图

(八)钣金剪

钣金剪分为手动钣金剪和气动钣金剪两种,可用于切断、修整和剪切出外形,或剪切塑料、白铁皮、铝和其他金属板(包括各种规格的轧制钢板),如图1-14所示。

图 1-14 钣金剪

a) 手动钣金剪 b) 气动钣金剪

(九)气动除锈机

气动除锈机用于清除金属板面的锈迹,如图1-15所示。

(十)气动锉

气动锉用于快速清理车身板件上尖锐的飞边等,如图1-16所示。

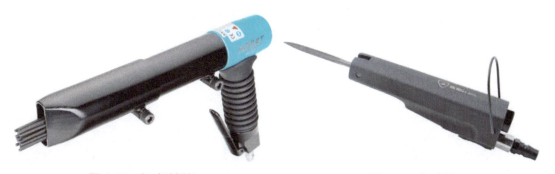

图 1-15 气动除锈机　　　　图 1-16 气动锉

二、汽车车身板件分离技术

(一)分离电阻点焊焊点

1. 确定电阻点焊焊点的位置

在车身点焊接合的表面,如有涂膜、防锈底漆或密封胶等,不易确认焊接位置时,就必须要将这些物质去除,以利于进行钻除作业。具体确定电阻点焊焊点位置的方法如下:

1)对于车身凹陷较低的部位,焊点有时很难找到,可以使用砂纸快速去除底漆、保护层，可以显现出要去除的焊点，如图1-17所示。

2）对于车身贴有密封剂的部位，可以使用铲刀去除密封剂，如图1-18所示。刮除密封的部位，焊点就会显现出来，也就可以进行电阻点焊拆卸了。

图1-17　砂纸打磨寻找焊点位置

图1-18　使用铲刀去除密封剂

3）清除油漆以后，焊点位置仍不能看清的区域，可以在两块板件之间用錾子錾开，焊点的轮廓随之显示出来，如图1-19所示。

4）可以使用氧乙炔或氧丙烷焰烧焦底漆，并用钢丝刷将它刷掉。

2. 电阻点焊焊点分离

（1）使用气动焊点去除钻分离焊点　确定焊点的位置后，使用气动焊点去除钻来钻掉焊点是最有效的办法。在使用气动焊点去除钻时，钻头是十分关键的，钻的修磨是特殊的磨法，它是利用一个中心和一个平面，对板材的表面进行切削。

使用电阻点焊去除钻配合钻头钻除电阻焊点最为实用、高效，钻头材质大多数以高速钢为主，柄部刻有"HS"或"HSS"字样，直径为8mm，适用于钢材钻削，如图1-20所示。为了提升耐温与耐磨性，有些钻头添加了钴元素，以适用硬度较高的钢材。有的

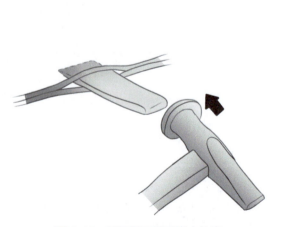

图1-19　錾子錾开显示焊点轮廓

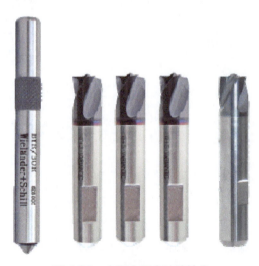

图1-20　电阻点焊去除钻钻头

则在表面镀上一层金黄色的氮化铁或者其他耐磨材料,可以延长钻头的使用寿命。在硼钢等强度较高的板材上钻除焊点时,很多厂家建议配合切削油使用,可以大幅提高工作效率。

使用电阻点焊去除钻钻孔前应使用钣金锤配合样冲(中心冲)在焊点中心击打出中心点。使用气动电阻点焊去除钻钻孔时,将钻心对准焊点中心,气动电阻点焊去除钻保持垂直角度,轻轻施加推力,起始阶段控制转速不要过快,以免钻头滑移。在钻削过程中,应根据待钻削钢板厚度调整好钻头的间隙,如图1-21所示,并注意观察钢板的钻孔深度,采取钻孔、停止、再钻孔的间断式操作,以免伤及底板并防止钻头过热退火(图1-22)。

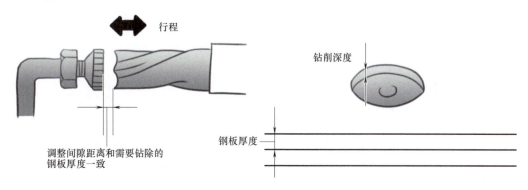

图 1-21 调整钻头间隙

(2)使用焊点打磨机或高速砂轮机磨削分离焊点 车身上电阻点焊焊点一般都在边缘部位,但有时也会碰到在板件的中间部位,无法使用气动焊点去除钻进行切削去除,但是可以使用焊点打磨机或高速砂轮机磨削分离焊点,也可以在更换板件的塞焊点(来自车身部件的二次修理)太大、钻头不能钻掉时使用,采用磨削的方法分离焊点时,只需要将板件上表面磨削至焊点轮廓出现即可,切不可破坏到下层板件,如图1-23所示。将焊点轮廓磨削至轮廓出现后,在两块板件之间就可以使用錾子将多层板件分离。

(二)分离连续焊缝

在一些汽车的局部板件连接中,板件是用惰性气体保护焊的连续焊连接的。由于焊缝长,因此要用砂轮或高速砂轮机来分离板件,如图1-24所示。割透焊缝而不割进或割透板件,握紧砂轮以45°进入搭接焊缝。磨透焊缝以后,用锤子和錾子来分离板件。

图 1-22 钻除电阻焊点

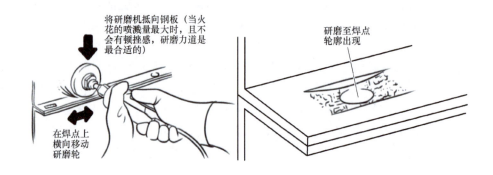

图 1-23 使用高速砂轮机磨削分离焊点

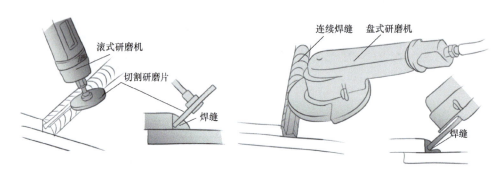

图 1-24 使用砂轮或高速砂轮机磨削分离焊缝

(三) 分离钎焊区域

钎焊用于外盖板边缘处或车顶与车身立柱的连接处。通常是用氧乙炔焊炬或丙烷焊炬熔化钎焊的金属，来分离钎焊区域。在用电弧钎焊的区域，电弧钎焊金属熔化的温度比普通钎焊的高些，而熔化钎焊金属会导致下面板件的损坏。因此，通常是采用磨削分离电弧钎焊的方法。普通钎焊与电弧钎焊可以通过钎焊金属的颜色来识别，普通钎焊区域是黄铜色的，而电弧钎焊的区域是淡纯铜色的。

1) 用氧乙炔焊炬使油漆软化，用钢丝刷或刮刀将油漆除掉，如图 1-25 所示。然后加热钎焊焊料，直到它开始熔化呈糊状，再快速地将它刷掉。注意不要使周围的金属薄板过热。

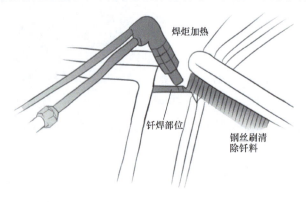

图 1-25 用钢丝刷清除铜焊

2）用螺钉旋具或錾子錾入两块板件之间，如图 1-26 所示，将板件分离。保持板件的分离状态，直到钎焊金属冷却并硬化。在所有其他焊接部分分离以后，分离钎焊区域是比较容易的。

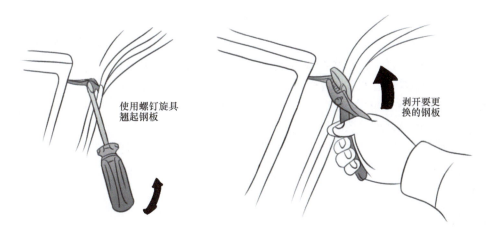

图 1-26　撬起、分离钎焊的钢板

3）如果除去油漆以后，确定连接是电弧钎焊，可采用高速砂轮机，用砂轮切除钎焊。如果更换上面的板件，不要切透它下面的板件。磨透钎焊接头以后，用錾子和锤子分离板件。

任务实施

（一）作业准备

1．工具设备器材

气动磨削工具（单动打磨机、双动打磨机、环带打磨机、焊点打磨机等）、气动切割锯、气动錾子、气动焊点去除钻、滚轮研磨机、高速砂轮机、低速气动钻、工作桌、台虎钳、焊接好的车身模拟板件、整体式白车身。

2．耗材

打磨砂纸（P60/P80）、气动焊点去除钻钻头、气动切割锯锯片。

3．场地设施

汽车钣金实操实训场地。

4．个人安全防护用具

工作服、工作鞋、防护手套、防尘口罩、耳塞（耳罩）、护目镜等。

（二）工作计划

将学生四个人分为一组，认识和掌握汽车车身板件分离手动工具及气动工具的使用技巧，同时掌握实际车身或者模拟车身电阻点焊焊点、连续焊缝、钎焊区域以及二次维修时的车身气体保护焊塞孔焊点的分离技巧。

(三)实施工作

1. 拆卸车辆车门内饰板
2. 板件分离作业

1)受损评估。正确评估损伤情况,制订修复计划。

2)确定电阻点焊焊点的位置。在车身点焊接合的表面,如有涂膜、防锈底漆或密封胶等,不易确认焊接位置时,就必须要将这些物质去除,以利于进行钻除作业。

确定电阻点焊焊点位置的方法如下:

① 对于车身凹陷较低的部位,焊点有时很难找到,可以使用砂纸快速去除_____、_____,可以显现出要去除的焊点。

② 对于车身贴有密封剂的部位,可以使用_____去除密封剂。

③ 清除油漆以后,焊点位置仍不能看清的区域,可以在两块板件之间用_____,焊点的轮廓随之显示出来。

④ 可以使用_____或氧丙烷焰烧焦底漆,并用钢丝刷将它刷掉。

3)电阻点焊焊点分离。

① 使用电阻点焊去除钻钻孔前应使用_____在焊点中心击打出中心点。

② 当更换板件的塞焊点太大、钻头不能钻掉时,采用_____的方法分离焊点。

4)分离连续焊缝。连续焊缝需要用_____或_____来分离板件,割透焊缝而不_____或_____板件。

5)分离钎焊区域。普通钎焊与电弧钎焊可以通过钎焊金属的颜色来识别,普通钎焊区域是_____的,而电弧钎焊的区域是_____的。

6)修整完毕,整理工位,6S管理。

任务练习

1. 判断题

1)使用气动切割锯切割分离车身材料时,选用24齿锯片切割厚度为1mm的钢板。
(   )

2)使用气动研磨机去除车身金属表面的锈蚀,应该配合不锈钢刮丝带一起使用。
(   )

3)在使用气动焊点去除钻钻削焊点时,应该根据切削钢板的厚度正确调节钻头的间隙。
(   )

4)在分离车身气体保护焊连续焊缝时,可以使用高速砂轮机配合砂轮片垂直进入切割分离。(   )

5)在分离车身二次维修气体保护塞孔焊时,可选用锯形钻头钻除分离。(   )

2. 选择题

1)使用气动切割锯切割分离车身材料时,应该选用(   )齿锯片分离4mm以下的多层钢板。

A. 24   B. 32   C. 18   D. 14

2）使用气动焊点去除钻钻削焊点时，选用的钻头直径为（　　）。
　　A. 6mm　　　　　　B. 6.5mm　　　　　　C. 7mm　　　　　　D. 8mm
3）使用气动焊点去除钻钻削焊点时，正确的切削顺序为（　　）。
　　A. 直接快速钻孔　　　　　　　　B. 钻孔、停止、再钻孔的间断式操作
　　C. 缓慢钻孔　　　　　　　　　　D. 先慢后快的钻孔
4）在分离车身连续焊缝时，砂轮机配合的砂轮片厚度一般为（　　）。
　　A. 1.2mm　　　　　B. 1mm　　　　　　C. 0.8mm　　　　　D. 1.4mm
5）车身上的普通钎焊与电弧钎焊可以用钎焊金属的颜色识别，正确的是（　　）。
　　A. 普通钎焊区域是黄铜色的，而电弧钎焊区域是淡纯铜色的
　　B. 普通钎焊区域是淡纯铜色的，而电弧钎焊区域是黄铜色的
　　C. 普通钎焊区域是淡紫色的，而电弧钎焊区域是黄色的
　　D. 普通钎焊区域是淡紫色的，而电弧钎焊区域是淡纯铜色的

3. 简答题

1）使用气动焊点去除钻钻削车身电阻点焊焊点作业时，应该注意的事项有哪些？
2）对于分离、切割车身不同厚度、不同材质的金属板件时，常使用往复式切割锯配合不同锯齿的锯片使用，简述常用锯片锯齿的种类及相应的用途。
3）气动磨削工具常用于汽车车身旧漆层、锈蚀等的打磨作业，常见的气动磨削工具有哪些？
4）如何分辨车身上普通钎焊与电弧钎焊？

任务评价

评价指标		学生自评（30%）	小组互评（30%）	教师评价（40%）
素质评价（20%）	劳动态度（4分）			
	工作纪律（4分）			
	安全操作（4分）			
	环境保护（4分）			
	团队协作（4分）			
技能评价（80%）	工具使用（10分）			
	任务方案（10分）			
	实施步骤（40分） 拆卸车门内饰板			
	焊点位置的确认			
	焊点的去除			
	分离连续焊缝			
	分离钎焊区域			
	完工检查			
	6S管理			

（续）

评价指标		学生自评（30%）	小组互评（30%）	教师评价（40%）
技能评价（80%）	完成结果（10分）			
	作业完成（10分）			
	本次得分			
	最终得分			

教师签名：_____

日期：_____年___月___日

任务二
车身板件的切割技术

 任务目标

知识目标	1. 列出汽车板件切割常用的工具。
	2. 列出汽车板件切割常用的设备。
	3. 描述汽车板件切割常用的工具和设备安全操作准则。
	4. 描述车身非结构件及结构件的切割技术要求。
能力目标	能够对车身非结构件及结构件进行切割。

 知识准备

一、汽车车身板件切割的工具及设备

车身板件切割操作中所使用的工具除本项目任务一中已讲过的气动切割锯外，还有大电锯、等离子切割机等。

（一）大电锯

在汽车车身修理中，大电锯（图1-27）配合锯条常用于车身结构件的切割作业，如普通工具切割不到的地方。

图1-27 大电锯

（二）等离子切割机

在现代汽车车身制造中，广泛应用了高强度钢和超高强度钢制作车身构件，在对损伤的车身构件进行更换作业时就需要对更换部位实施切割、分离，由于这类钢材质构件的硬度高、强度大，用切割工具均不能收到良好的效果，利用等离子切割机对这类板材进行切割分离就能解决这一系列的问题。等离子切割机如图 1-28 所示。

等离子切割机

图 1-28　等离子切割机

1. 等离子切割机的原理

等离子弧是一种压缩电弧，由于弧柱断面被压缩得很小，因而具有能量集中、温度高和焰流速度大的优点。

等离子切割机是利用电力将气体电离成为离子状态，再彼此结合成电离气放出大量的热量，工件受电离气高温（约 14000℃）的熔化，再利用割炬喷出的极速气体将熔化金属吹出的一种切割法。

2. 等离子切割机设备

等离子切割机由切割电源与控制系统、压缩空气压力调节装置、割炬、搭铁线、电极和喷嘴等组成。

（1）割炬　切割汽车车身零部件的割炬是小型的、便于操作的，能在汽车车身部件比较密集的部位工作，如图 1-29 所示。

（2）电极和喷嘴　割炬上的两个关键部位是电极和喷嘴，是等离子切割机中的易损件，电极和喷嘴损坏将会影响切割的质量，而且如果压缩空气中有水分、切割板件过厚或者操作人员操作不当都会使电极和喷嘴过早地损耗。

等离子切割机的电极又称为"嵌条"，电极通常由锆和钨制成，这两种金属的硬度高、耐久性好。在切割厚度超过 5mm 的钢板时，应该使用钨电极，钨电极能够适用于空气以外的其他气体，如氩气、氮气或氢气。在汽车车身修复中较少使用这几种气体，现代汽车车身修理中使用的电极一般是锆电极，如图 1-30 所示。等离子切割机的电极有它自身的使用极限，需要及时更新，如图 1-31 所示。等离子切割机的喷嘴在使用时非常容易损坏，需要及时更新，如图 1-32 所示。

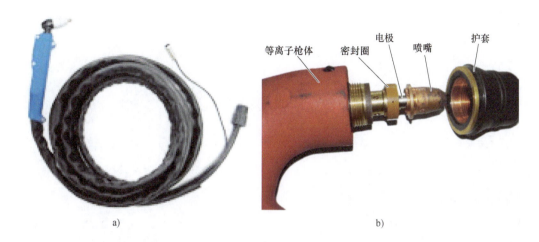

图 1-29 割炬

a）等离子切割机割炬 b）割炬的结构图

图 1-30 等离子切割机的电极　　　　图 1-31 电极使用极限

（3）压缩空气压力调节装置　在汽车车身维修行业，使用的等离子切割机一般由机外的空气压缩机供应压缩空气，也可以采用压缩空气气瓶供气。压缩空气要求干燥、清洁，因此，在等离子切割机进气口都会装有带调压功能的压缩空气过滤器，如图 1-33 所示。压缩空气压力一般在 0.3~0.6MPa 范围内，气压调节过高或者过低都会影响切割的质量，损坏电极和喷嘴，并且降低等离子切割机的切割能力。

（4）切割电源与控制系统　等离子切割电弧一般都采用陡降外特性的直流电源，切割用电源输出空载电压一般大于 150V，根据采用不同电流等级和工作气体而选定空载电压，电流等级越大，选用的切割电源空载电压越高。等离子切割机的控制装置一般很简单，配有一个电源关闭/接通开关、切割电流调节旋钮、电源指示灯与故障指示灯，等离子切割机输入电源为交流 220×（1+10%）V。当切割裸露的金属或带油漆的金属时，可以通过调节切割电流调节旋钮调节切割电流。当切割带油漆的金属或者锈蚀的金属板件结构时，最好使用连续的高频电弧切入不导电的金属表层，然后继续使用该电流对板件进行切割分离。而切割裸露的金属时，只需要使用高频电弧作为触发电弧，当割炬开始切割时，需要使用直流维弧继续进行切割分离。当切割裸露的金属时，电极和喷嘴使用的寿命最长。

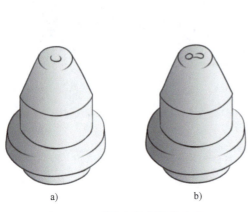

图 1-32 等离子切割机的喷嘴
a）正常的喷嘴 b）孔变形的喷嘴

图 1-33 压缩空气过滤器压力调节装置

图 1-34 所示为等离子切割机前部与后部的解析。

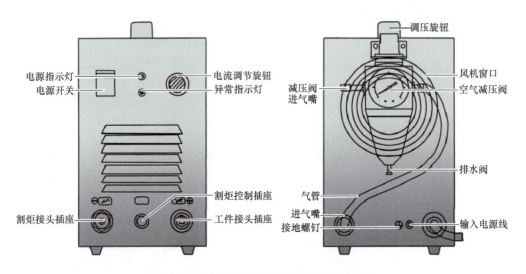

图 1-34 等离子切割机前部与后部的解析

（三）氧乙炔切割设备

氧乙炔切割分离技术又称为"气割"，气割是利用气体火焰的热能将工件切割处预热到一定温度后，喷出高速切割氧流，使金属燃烧并放出热量而实现切割的方法。

氧乙炔切割设备主要包括氧乙炔割炬、调节器、乙炔回火防止器、气瓶和橡胶软管等。

1. 氧乙炔割炬

割炬的作用是使氧气与乙炔按比例进行混合，形成预热火焰，并将高压纯氧喷射到被切割的工件上，使被切割金属在氧射流中燃烧，氧射流把燃烧生成的熔渣（氧化物）吹走而形成割缝。割炬是气割工件的主要工具。割炬按预热火焰中氧气和乙炔的混合方式不同分为射吸式和等压式两种，其中以射吸式割炬的使用最为普遍，如图1-35所示。

氧乙炔切割设备

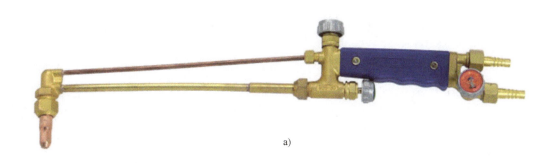

a)

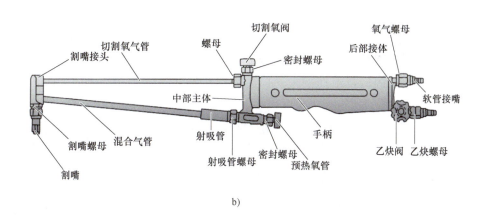

b)

图1-35　氧乙炔割炬

a）氧乙炔割炬的外形　b）氧乙炔割炬的结构图

2. 调节器（减压器）

调节器可以将气瓶输出的高压经过调节后输出恒定的低压，又称为减压器，其中氧气输出压力调节器的承受压力较高，连接部分的安装螺纹为右旋，如图1-36所示；乙炔输出压力调节器的承受压力较低，连接部分的安装螺纹为左旋，如图1-37所示。

图 1-36 氧气输出压力调节器

图 1-37 乙炔输出压力调节器

大多数压力调节器上都装有两块气压表，其中一块指示气瓶的储存压力，另一块则用于指示输出压力。压力表多为弹性金属曲管（布尔登）式，当有压力的气体进入金属曲管后，使之趋向伸直并驱动指针摆动机构动作，从而达到指示气体压力的目的。气压表对工作条件和使用方法要求比较严格，除了应避免剧烈振动和冲击外，在开启气瓶阀门时，还应避免气流冲击金属曲管使之损坏或造成示值误差。同样，作业结束后应该将气瓶阀门关闭，然后将调压杆松开并释放管路压力。

3. 乙炔回火防止器

在气割作业中，割嘴堵塞、过热或供气压力过低等，使产生的气体火焰进入喷嘴内逆向燃烧，这种现象称为回火，如果不能有效地抑制回火，就会发生燃烧和爆炸事故。乙炔回火防止器的作用就是，在气割作业发生回火时，可以防止逆向燃烧的火焰倒流至乙炔发生器或者乙炔瓶中，或组织回火形成的火焰在管路中燃烧。乙炔回火防止器如图 1-38 所示。

乙炔回火防止器按照作用可以分为水封式和干式两种，其中中压干式回火防止器应用得最为广泛，这种回火器的特点就是：不采用水封，而是采用膜座、膜盖和泄压膜组成的泄压装置。

4. 气瓶

乙炔气瓶和氧气瓶是用来分装可燃与助燃气体的容器，两者在结构、尺寸、外形和颜色等许多方面都有区别。

氧气瓶由无缝高等级钢制成并经过热处理，具有耐压强度高、抗冲击性能好等优点。瓶身为蓝色，如图 1-39 所示，35℃时满瓶压力可达 15MPa，氧气瓶在使用过程中应当充分注意。

当需要搬运或者装卸氧气瓶时，应注意瓶口处的金属安全帽装配良好，并保持阀杆处无漏气现象。在使用过程中应注意不要将瓶中氧气全部用完（至少留 100kPa 以上的氧气压力），以便于安全、除尘，充气充足和纯净。

项目一 车身板件的分离、切割

图 1-38 乙炔回火防止器

图 1-39 氧气瓶

乙炔气瓶相比于氧气瓶，有一些区别。乙炔气瓶瓶身为白色且瓶颈较粗，用较薄的钢板焊接而成，如图 1-40 所示。因为乙炔气不能直接以高压形式充入钢瓶内，故而瓶内充以多孔性材料，如石棉、活性炭和软木等。这些材料被液态丙酮浸透，利用乙炔能够溶解于丙酮的特性，像吸水纸一样通过丙酮吸收大量的液态乙炔。乙炔在这种状态下十分稳定，非自由状态的乙炔便不会改变其组成。

乙炔气瓶的工作压力为 14.7MPa，使用时应该避免振动、高温和 10m 以内的明火等，放置时瓶体应该直立，否则会因为丙酮溢出而引发火灾及爆炸事故。

5. 橡胶软管

橡胶软管就是将氧乙炔割炬与氧气输出端、乙炔气体输出端连接起来，一般都采用双色连体管，蓝色代表氧气管，红色代表乙炔气体管，如图 1-41 所示。

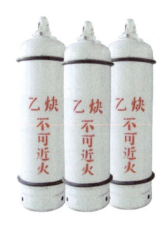

图 1-40 乙炔气瓶

图 1-41 氧气乙炔双色连体管

二、汽车车身板件切割

(一) 车身上外部板件切割的要求

车身上一些非结构件受到轻微的凹陷损伤,可以对其进行钣金加工处理,来消除金属板上的凸起、凹坑和褶皱。对于一些损坏严重、锈蚀严重的板件,无法修复只能进行更换。当板件发生以下损坏时就需要进行切割后再进行更换:

1) 碰撞损坏的车门和后顶侧板,如图1-42所示。汽车碰撞造成翘曲,在边缘和车身外表有严重的加工硬化程度。

2) 在车身后侧围板处碰撞损坏严重,如图1-43所示,需要进行局部切割除去损坏部件。接缝处的焊点用钻孔的方法除去。

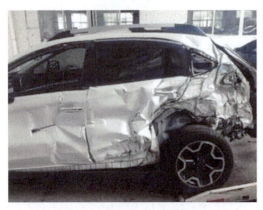

图1-42 车身碰撞损坏严重的板件需更换

图1-43 车身后翼子板损坏需更换

3) 车身侧板经常发生损坏,需要切割后更换新的板件,再将其焊接就位。图1-44显示了车身侧面损坏后切割需要更换的位置。

4) 对于严重的腐蚀损坏,更换板件通常是唯一的补救方法。将生锈的金属板切割下来,在原来的位置焊接上新的局部板件。对于经常锈蚀的部位,局部切割再更换新板件是常用的方法。

5) 对于一些板件已经破损无法修复的,需要进行局部切割更换,图1-45所示为车身破损的部件,可以采用切割的方法切割掉受损的部分,再使用新板件进行局部更换作业。

6) 汽车车身是用机械紧固和焊接两种方法将车身板件连接在一起的,对于装饰性板件,如汽车的前翼子板(图1-46)、后顶侧板、发动机舱盖和行李舱盖等,都是用螺栓、铰链和铆钉等方法与之相连。对于汽车保险杠等部件,通常也是用螺栓连接到框架上的。更换这些板件时,只要拆卸紧固件即可。

(二) 车身结构性板件切割的要求

在整体式车身结构中,所有的结构性板件(从散热器支架到后端板)都焊接在一起,构成一个整体框架。结构性板件包括散热器支架、挡泥板、地板、车门槛板、发动机舱的纵梁、上部加强件、后纵梁、内部的护板槽和行李舱地板等,如图1-47所示。

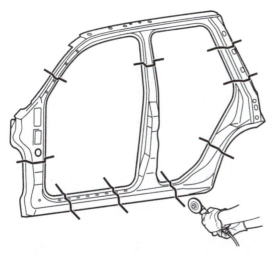

图 1-44　车身侧面损坏后切割需要更换的位置

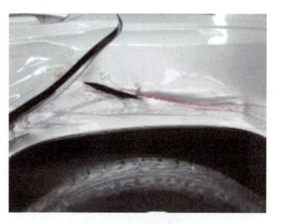

图 1-45　车身破损的部件

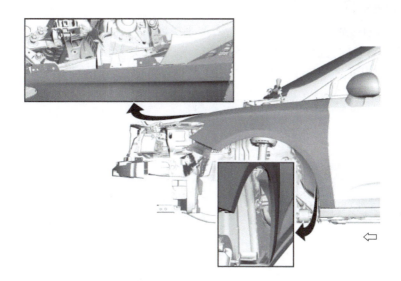

图 1-46　前翼子板的拆卸

图 1-47　整体式车身结构性板件

当修理结构性板件，需要切割或分割板件时，应完全遵照制造厂的建议。有些制造厂不允许反复分割结构板件，另外一些制造厂只有在遵循它们的正确工艺规程时才同意分割。车身结构板件的切割分离如图1-48所示。所有制造厂家都强调：不要割断可能降低乘客安全性的吸能区区域、降低汽车性能的区域或者影响关键尺寸的地方。

对于高强度钢板区，如保险杠加强件和侧护板门梁，这些板件受损后必须切割更换。在任何条件下，都不允许使用氧乙炔割炬切割更换。

图1-48 车身结构板件的切割分离

（三）车身板件切割的技术

1. 砂轮研磨切割

砂轮研磨切割一般使用电动（气动）高速手提砂轮机，如图1-49所示，装配不同角度的砂轮片，使用在车门板包缝缘角及连续焊的切割分离，也可以用于车身外板件的切割，如图1-50所示。使用电动（气动）高速手提砂轮机的缺点是火花、磨屑多，噪声大。

a)   b)

图1-49 气动高速手提砂轮机
a）角向砂轮机 b）直向砂轮机

2. 使用气动切割锯对车身板件进行切割（以切割后侧围板为例）

1）根据维修手册用笔标示出要切割的部位，应在此实际切割的部位低30mm的地方标示，如图1-51所示。在安装新的后侧围板时，会同时切开两个板件。

2）使用气动高速手提砂轮机来去除标示部位以及其上60mm范围的旧漆膜，如图1-52所示。如果在实际切割后才进行砂磨，则很可能会使切割边缘变薄，而使焊接变得更困难。

3）使用气动切割锯在打磨区域的下缘进行切割，如图1-53所示。小心不要割到后方的板件。请在门槛接缝上重复进行相同的步骤。

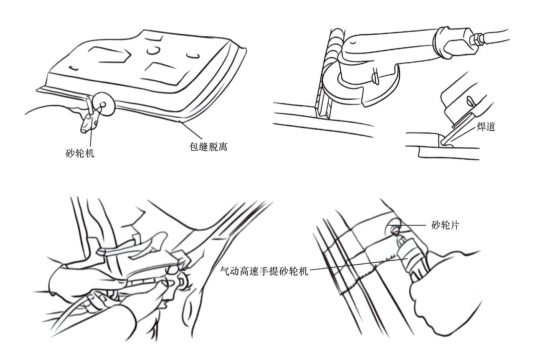

图 1-50　气动高速手提砂轮机的切割

图 1-51　标记切割位置

图 1-52　去除切割位置的漆层

3. 钢剪剪切

钢板的切断方法虽然有多种便利的切断工具，但是当需要精度准确或是细小的剪切作业时，还是使用钢剪剪切。钢剪刀口是以工具钢锻接而成的，有直钢剪、半弯剪及大弯剪三种形式，如图 1-54 所示，直钢剪供直线及大圆弧曲线剪切，半弯剪供外圆弧曲线剪切，大弯剪供内圆弧曲线剪切，使用时依工作物的形状选择适当形式的钢剪，如图 1-55 所示。

图1-53 切割板件

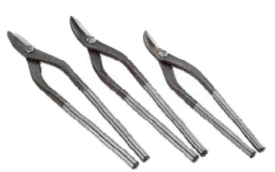

图1-54 钢剪（直钢剪、半弯剪及大弯剪）

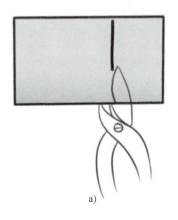

a)

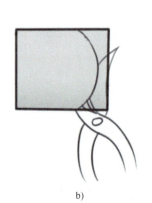

b)

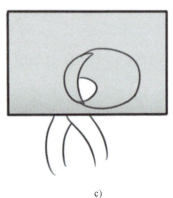

c)

图1-55 钢剪剪切

a）直钢剪剪切大圆 b）半弯剪剪切外圆 c）大弯剪剪切内圆

4. 等离子切割机切割

（1）等离子切割机切割的工艺参数

1）切割电流。增加切割电流同样能提高等离子弧的功率，但它受到最大允许电流的限制，否则会使等离子弧柱变粗、割缝宽度增加、电极和喷嘴寿命缩短。

2）空载电压与弧柱电压。等离子切割电源必须具有足够高的空载电压，才能容易引弧和使等离子弧稳定燃烧。空载电压一般为120~600V，而弧柱电压一般为空载电压的一半。提高弧柱电压能明显地增加等离子弧的功率，因而能提高切割速度和切割更大厚度的金属板材。弧柱电压通过调节气体流量和加大电极内缩量来达到，但弧柱电压不能超过空载电压的65%，否则会使等离子弧不稳定。

3）切割速度。切割速度主要取决于切割板件的厚度、切割电流、切割电压、气体流量、喷嘴结构和合适的后拖量等，图1-56所示为切割速度与切口的关系。

4）气体流量。气体流量要与喷嘴的孔径相适合，增加气体流量既能提高弧柱电压，又能增强对弧柱的压缩作用而使等离子弧能量更加集中、喷射力更强，因而可提高切割速度和增大质量。但气体流量过大反而会使弧柱变短，损失热量增加，使切割能力减弱，直至使切割过程不能正常进行。等离子切割机使用的气体压力约为 0.3~0.6MPa。

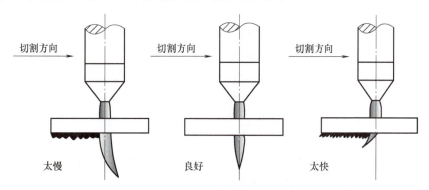

图 1-56　切割速度与切口的关系

（2）等离子切割机切割操作流程

1）将等离子切割机一次电源线接入工频电压 220V 电源上，电源线与电源插座或接线柱要接触良好，防止氧化。在条件具备的情况下，可用仪表测量电源电压是否在波动范围（±10%）内。

2）将压缩空气的气管与机器后面减压过滤器的进气嘴紧密对接。

3）割炬的铜螺母与等离子切割机前面的气电一体化接口相连，顺时针旋紧（防止漏气），地线（接工件）与等离子切割机前面板的接线端子相连并固定好。

4）将搭铁夹钳连接到汽车的一个清洁表面上，连接处应尽量靠近切割部位。

5）打开前面板的电源开关，将开关置于"ON"的位置，此时电源指示灯亮，风扇旋转。

6）打开压缩空气阀门，调节气压至所需压力。

7）按下割炬上的控制按钮，电磁阀动作，将听到机内高频引弧放电声，同时割炬喷嘴应有气体流出。

8）根据切割工件的厚度，设定相应的切割电流，见表 1-1。

表 1-1　切割电流与切割工件厚度的关系

切割电流 / A	切割工件厚度 /mm			空气压力 / MPa
	不锈钢、碳钢	铝	铜	
20	≤ 5	≤ 2	≤ 1	0.3 ~ 0.6
30	≤ 8	≤ 4	≤ 2	
40	≤ 10	≤ 6	≤ 3	
50	≤ 15	≤ 8	≤ 4	

9）将割炬的喷嘴与工作边缘对准并接触，按下割炬上按钮引燃电弧后（此时机内高频自动消失），即可开始切割（切割时喷嘴应与工作表面垂直）。

10）松开按钮即可结束切割，气体延时 10s 关闭气源。

(3)等离子切割机切割的注意事项

1)准备切割时,手持割炬,使割炬与工件接触,按动割炬开关,这时有等离子弧从喷嘴孔内喷出,说明电极喷嘴等器件安装正确。如果没有等离子弧从喷嘴孔内喷出,或只有微弱的等离子弧从喷嘴孔内喷出,说明电极和喷嘴安装不正确。关机后重新安装。

2)切割开始时,喷嘴孔的外边缘对准工件的边缘。按动割炬开关即可起弧,若未引燃电弧,松开割炬开关,并再次按动割炬开关,起弧成功后,匀速移动割炬进行正常切割,移动速度根据板材厚度不同而改变,如火花上翻,说明移动速度过快,工件没有切透,应调节移动速度。

3)当工件将要切断时,切割速度应放慢,松开割炬开关即完成切割。

4)喷嘴表面如果附着了飞溅物,影响喷嘴的冷却效果,应及时清除,并且经常清除割炬头部的灰尘及飞溅物,保持良好的散热效果。

5)切割时,电缆线尽量保持平直,如空间不允许,也不要死弯,同时不要用脚踩或挤压电缆线,以免气流受阻,一旦气流过小,会烧毁割炬。切割电缆线应避免与利器接触,以免造成破损,而影响正常使用。

6)卸下喷嘴罩、喷嘴和电极,开机后按下开关,这时有气体从割炬的喷气管孔喷出,以达到清理气管内脏物的目的,每天使用后清理一次,每次大约10s。

7)当切割厚度在3mm以上的板件时,最好使割炬与板件形成45°角,直到等离子切割机切入金属板,这将使等离子焰离开气体喷射器。如果在切割较厚的材料时,等离子切割机割炬与工件保持垂直,火花将被射回气体喷射器中,这时熔化的金属可能会附着到气体喷射器上,会堵塞各气孔并极大地缩短气体喷射器的寿命。

8)切割厚度在6mm以上板件时,最好从板件的边缘开始切割。

9)等离子切割机割炬的冷却对延长电极和喷嘴的寿命非常重要。完成一次切割后,在开始下一次切割前,应关闭等离子切割机割炬开关,让空气连续几秒流过割炬,以防止喷嘴和电极过热。

10)在切割过程中,从切割电弧中喷出的火花会损坏油漆的表面,火花还会在玻璃上留下凹点,可用一个焊接防护套来保护这些表面。

(4)等离子切割机的操作安全防护

1)防高温。等离子弧的温度高达20000~30000℃,操作中不要接触等离子弧,没有使用任何防护用品地近距离操作会烧伤。

2)防电击。等离子弧的空载电压较高,尤其在手工操作时,有电击的危险。因此电源在使用前必须可靠接地,割炬枪体与手接触的部分必须可靠绝缘。操作人员要佩戴绝缘手套。

3)防电弧光光辐射。电弧光光辐射强度大,主要由紫外线辐射、可见光辐射与红外线辐射组成。等离子弧较其他电弧的光辐射更大,尤其是紫外线强度,故对皮肤损伤严重,操作者在切割分离作业时,必须要穿长袖工作服并佩戴能吸收紫外线的护目镜。

4)防灰尘与烟气。等离子弧在切割分离过程中伴随着大量汽化的金属蒸气、臭氧和氮化物等,由于气体流量大,致使工作场所灰尘大量扬起,这些灰尘与烟气会对操作人员的呼吸道和肺等产生严重影响,因此工作场所要通风良好,并且操作人员要佩戴防尘口罩。

5)防噪声。等离子弧会产生高强度、高频率的噪声,这对操作人员的听觉系统和神经系统非常有害,因此操作人员操作时必须佩戴耳塞或者耳罩。

5. 氧乙炔割炬切割

（1）氧乙炔的火焰类型　氧乙炔的火焰作为切割的热源，根据氧气和乙炔两种气体的比例不同混合产生不同的火焰，不同配比的火焰有着不同的用途。

1）中性焰。标准的火焰称为中性焰，如图 1-57 所示。当氧气和乙炔的体积混合比为 1∶1 时，充分燃烧产生中性焰。这种火焰有非常明亮透明的焰芯，且具有一定的还原性，焰芯外层被明亮的蓝色火焰包围，最高温度可达 3050~3150℃。

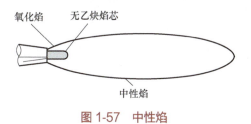

图 1-57　中性焰

氧乙炔火焰类型

2）碳化焰。碳化焰又称为剩余焰和收缩焰，如图 1-58 所示。当混合气中乙炔量略多于氧气量时，燃烧生成的火焰为碳化焰。碳化焰和中性焰的不同之处在于它由三部分组成：它的焰芯和外层火焰都和中性焰相同，但在这两层火焰之间，有一层淡色的乙炔包围在透明焰芯的外面。乙炔焰芯的长度随着气体混合物中乙炔量的多少而变化。碳化焰的温度较低，用于焊接铝、镍和其他合金，在车身修理中可以进行热收缩和清洁油漆等工作。

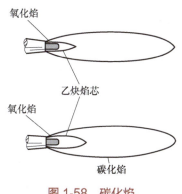

图 1-58　碳化焰

氧乙炔火焰的选用及调节

3）氧化焰。当混合气中氧气略多于乙炔时，燃烧生成的火焰为氧化焰，如图 1-59 所示。从外观上看，氧化焰与中性焰相似，但它的乙炔焰芯较短，其颜色比中性焰浅，而且边缘模糊。氧化焰通常会使熔化的金属氧化，所以不能用来焊接钢材而是用来切割金属，但它可以用来焊接黄铜和青铜。

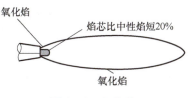

图 1-59　氧化焰

氧乙炔焊接方向

（2）气割操作流程

1）检查所有设备的乙炔气瓶、氧气瓶及橡胶管之间的接头、阀门及紧固件都应紧固牢靠，不准有松动、破损和漏气的现象。乙炔气瓶、氧气瓶及其他附件上是否沾染油脂和泥垢，乙炔气瓶和氧气瓶内是否有气体，割炬是否损坏。

2）开启乙炔阀（开启时动作要轻、缓），再开启氧气阀，并查看是否有漏气。

3）将乙炔表、氧气表的顶针顶至其适当的压力（乙炔压力不超过0.1MPa，氧气压力不超过1MPa）。

4）检查割炬射吸性能正常后，打开割炬乙炔阀（开小一点），然后点火，将割炬喷嘴调整好后方可正常使用，切割火焰均采用中性焰或者轻微的氧化焰，不可使用碳化焰。图1-60所示为使用氧乙炔割炬切割车身钢板。

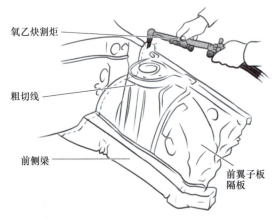

氧乙炔焊接
火焰调整

图1-60　使用氧乙炔割炬切割车身钢板

在现代车身维修中，由于车身均采用高强度钢、超高强度钢制造，所以制造厂一般不允许用产生热量过多的方式来修理现代汽车。

（3）气割的操作注意事项

1）选择合适的割嘴。应根据切割工件的厚度，选择合适的割嘴。装配割嘴时，必须使内嘴和外嘴保持同心，以保证切割氧射流位于预热火焰的中心，安装割嘴时注意拧紧割嘴螺母。

2）检查射吸情况。射吸式割炬经射吸情况检查正常后，方可把乙炔橡胶管接上，以不漏气并容易插上、拔下为准。

3）在使用过程中，如发现气体通路或阀门有漏气的现象，应立即停止工作，消除漏气后，才能继续使用。

4）当切割比较厚的钢板时，使割炬与钢板成90°，并且缓慢地移动割炬，如图1-61所示。此种方法也适合于复合层结构钢板。当切割薄钢板时应该倾斜割炬，并且快速地移动割炬，如图1-62所示。

5）当切割作业时，将割炬与钢板间的间隙保持在10mm以下。作业中，若火焰熄灭时，需立即关闭切割用预热氧气阀，再关闭乙炔阀。

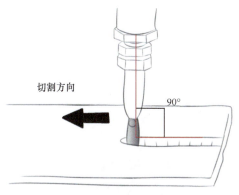

图 1-61　厚钢板的切割

氧乙炔割炬切割
厚钢板

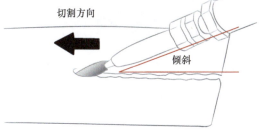

图 1-62　薄钢板的切割

氧乙炔割炬切割
薄钢板

任务实施

（一）作业准备

1. 设备器材

气动高速手提砂轮机、气动切割锯、直钢剪、半弯剪、大弯剪、大电锯、等离子切割机、氧乙炔割炬、工作桌、台虎钳、车身模拟板件、整体式车身。

2. 场地设施

汽车钣金实操实训场地。

3. 耗材

切割砂轮片、气动切割锯锯片、氧气、乙炔。

4. 安全防护用具

工作服、工作鞋、防护手套、绝缘手套、护目镜、防紫外线护目镜、耳塞、口罩等。

（二）工作计划

将学生四个人分为一组，掌握汽车车身板件切割工具设备的使用技巧，同时学习并熟知车身外板件以及车身结构性板件的切割要求，再反复练习使用气动切割锯、气动高速手提砂轮机等工具切割车身非结构件，使用等离子切割机和氧乙炔割炬正确切割车身结构性板件。

（三）实施工作

1. 安全防护穿戴
2. 气动切割锯对车身板件进行切割

1) 标示。用笔标示出要切割的部位，请在实际切割的部位低_____的地方标示，如图 1-63 所示。在安装新的后侧围板时，会同时切开两个板件。

图 1-63　用笔标示要切割部位

2) 打磨切割部位。使用气动高速手提砂轮机来去除标示部位以及其上_____范围的旧漆膜，如图 1-64 所示。如果在实际切割后才进行砂磨，则会有很大的机会使切割边缘变薄，而使焊接变得更困难。

图 1-64　去除标示部位

3) 切割。使用气动切割锯在砂磨区域的下缘进行切割。小心不要割到后方的板件。请在门槛接缝上重复进行相同的步骤。

4) 修整完毕，整理工位，6S 管理。

任务练习

1. 判断题

1) 不允许使用氧乙炔割炬切割车身高强度钢区域。　　　　　　　　　　（　　）
2) 在现代汽车车身修理中，等离子切割机使用的电极为钨电极。　　　　（　　）
3) 等离子切割机的电极和喷嘴都属于易耗品，需要定期更换。　　　　　（　　）

4）当等离子切割机切割作业时，操作人员必须佩戴防紫外线的护目镜。（   ）
5）当氧乙炔割炬切割作业时，应该先拧开氧气瓶，再拧开乙炔气瓶。（   ）
6）车身上任何区域都可以使用切割工具设备进行切割更换。（   ）

2. 选择题

1）等离子切割机使用的气体压力为（   ）。
   A. 0.3~0.6MPa   B. 0.6~0.8MPa   C. 0.8~1.0MPa   D. 0.5~1.0MPa
2）用等离子切割机切割板件厚度超过 5mm 时，要采用（   ）。
   A. 铬电极   B. 锆电极   C. 钨电极   D. 以上都可以
3）当切割门槛板时，为了避免切割到中立柱下面的加强件，应离中立柱（   ）。
   A. 30mm 处进行切割   B. 40mm 处进行切割
   C. 50mm 处进行切割   D. 60mm 处进行切割

3. 简答题

1）氧乙炔火焰的类型有哪些？分别有什么用途？
2）使用等离子切割机切割车身结构件时，应该注意哪些基本事项？
3）钢剪的类型有哪些？分别有哪些用途？
4）谈谈汽车车身非结构件及结构件切割分离的基本要求。

任务评价

评价指标			学生自评（30%）	小组互评（30%）	教师评价（40%）
素质评价（20%）		劳动态度（4分）			
		工作纪律（4分）			
		安全操作（4分）			
		环境保护（4分）			
		团队协作（4分）			
技能评价（80%）		工具使用（10分）			
		任务方案（10分）			
	实施步骤（40分）	安全防护穿戴			
		防护			
		划线			
		打磨			
		切割			
		检查			
		6S 管理			

（续）

评价指标		学生自评（30%）	小组互评（30%）	教师评价（40%）
技能评价（80%）	完成结果（10分）			
	作业完成（10分）			
	本次得分			
	最终得分			

教师签名：_____

日期：_____年___月___日

项目二　车身板件焊接前的校正定位

在车身结构件与非结构件更换作业中,采用各式焊接方式进行最为广泛。在焊接作业前,需要根据原厂维修手册校正更换板件的定位尺寸,主要包括对比车身孔位、调整车身相邻板件间的间隙以及调整车身板件的高低面差。从中使用到的工具设备诸多,包括钢卷尺、车身伸缩式尺、轨道式量规、电子式车身测量系统、辅助支撑系统、大梁校正台、车型专属模具、车身间隙量规、车身样板规和钢直尺等。

在校正更换板件的定位尺寸后,就需要进行更换板件的定位,主要采用大力钳、C形夹钳、薄板螺钉、定位焊夹具或各种专用夹具来定位,对于一块金属板的两边不能同时夹紧,则可采用一些薄板金属螺钉将两块金属板固定在一起。

汽车焊接工艺

任务一
车身板件校正尺寸

 任务目标

知识目标	1. 说出新板件与原车身尺寸匹配校准的重要性。
	2. 列举出车身尺寸校正常用的方法。
能力目标	能够进行车身板件焊接前校正尺寸。

 知识准备

新板件与原车身尺寸匹配校准是车身修理极为重要的一个步骤。车身关键部位的结构件（如前后纵梁、横梁和减振器支座等）需要通过测量进行精确匹配。这类板件匹配不准确将直接影响车辆的行驶性能。因此，板件匹配过程中应仔细测量，确认数据准确。

车身上有很多位置很难采取测量的方法进行精确匹配，操作时，可通过检查新板件与相邻板件之间的相互关系，来找到板件的正确位置。板件匹配是一个费时耗力的复杂过程，需要与相邻的每个零部件逐一对比，发现存在的问题并进行调整。如后翼子板更换时，需要检查与后车门、行李舱盖、后风窗玻璃、后尾灯、后保险杠等匹配情况，如果其中一个有匹配不良的现象，有可能需要全部重新调整。当然，板件更换前必须做完所有的校正工作，否则新板件不可能装配适当。

一、对比车身孔位

在更换车身板件焊接作业前，必须调整好板件的尺寸才可以进行定位焊接作业，对比车身孔位常使用的方法就是测量法。

测量是一种通过获取车身控制点、工艺孔的数据，并与原始数据标准值进行比较的一种检查方法。它在车身板件更换工作中是极重要的环节，是焊接前必要的工序之一，也是最终确保维修质量的依据。

测量法的尺寸比对具有相当高的精度，但有时也会受到测量工具的精确程度、性能方面的影响。有很多维修技术人员修复理念比较落后和维修方法单一，对测量设备的功能没有全面地了解与认识，不能合理地灵活运用，甚至有的维修人员在测量时还存在误区。所有以上这些状态都会导致维修质量下降。

下面讲解对比车身孔位尺寸常用的测量工具及其使用技巧：

（一）钢卷尺

车身板件更换中常用的基本测量工具是钢卷尺，如图 2-1 所示。一般在车身上半部测量孔洞与孔洞之间的直线距离，并经由测量数据左右交叉的比对，来判断损伤变形状况。钢卷尺的优点是方便、价格便宜，缺点是精准度会受测量点之间未拆除的部件所干扰并容易受人为因素影响。

钢卷尺的作用原理：因为钢卷尺里面装有弹簧，在拉出测量长度时，实际是拉长标尺及弹簧的长度，一旦测量完毕，钢卷尺里面的弹簧会自动收缩。

1. 凸面钢卷尺的加工

使用凸面钢卷尺测量孔端间尺寸的场合时，端部的凸出部位加工成图 2-2 所示的挂钩样子，测量时容易挂入孔的内部，可以减少测定误差。

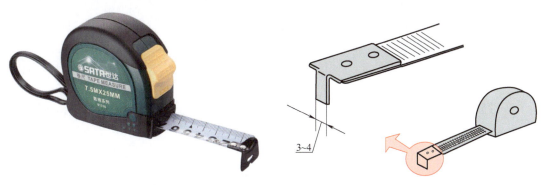

图 2-1　钢卷尺　　　　　　　图 2-2　凸面钢卷尺的加工

2. 测量方法

孔径相同时的测量：

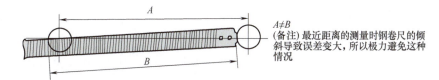

$A \neq B$
（备注）最近距离的测量时钢卷尺的倾斜导致误差变大，所以极力避免这种情况

孔径不同的测量：

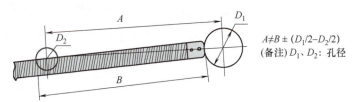

$A \neq B \pm (D_1/2 - D_2/2)$
（备注）D_1、D_2：孔径

3. 测量时的注意事项

1）不能产生扭弯、弯曲等。
2）确保压住测定点。必要时两人作业，防止前端挂钩部位的偏差、掉落。

3）要考虑钢卷尺前端挂钩部位形状引起的误差，如图2-3所示。

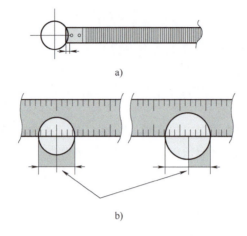

图2-3 钢卷尺测量注意事项
a）挂钩宽度引起的误差 b）把孔径等分

（二）车身伸缩量尺

车身伸缩量尺有两个规格，长尺为950~3200mm，短尺为415~925mm，如图2-4所示。

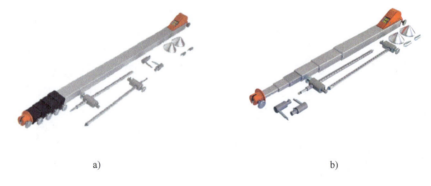

图2-4 车身伸缩量尺
a）长尺 b）短尺

1）为了确保测量的精确性，测量工具必须做过适当的校正。校正即是归零，就是将测量工具上的指示值与归零尺上的指示值之间的差异做校正的过程。特别是有许多可滑动部位的测量工具，即伸缩量尺使用前先检查外观是否有变形及缺件，每次测量前需进行量尺归零作业，做法如下：

① 准备一钢直尺（1000mm）放置工作桌上，拉开伸缩量尺到一定距离后放置在钢直尺上，判读出伸缩量尺与钢直尺上的数据。

② 判读出数据如钢直尺为750mm，伸缩量尺为751mm，则表示伸缩量尺在车身测量后的数据必须减去1mm，反之则需增加。

③ 做完短尺（415~925mm）可作为长尺的归零标准。

④ 伸缩量尺使用时应先拉粗杆再拉细杆。

2）测量方法。

车身结构中大多数的控制点为孔洞，尺寸测量就是测量孔洞与孔洞之间的距离。

① 当控制孔的直径相同，采用中心点测量。

② 当控制孔的直径不同，采用外缘测量或先测孔内缘间距再测外缘间距，将两次测量结果相加除以2。

③ 当控制孔比测量销直径小，采用中心点测量。

④ 当控制孔比测量销直径大，采用外缘测量或更换套座进行中心点测量。

3）测量注意事项。

① 测量作业中指针不可碰触任何物品，否则重新校正，如图2-5所示。

② 如果指标长度或角度已经改变，则务必重新校正。

③ 如果在钢卷尺锚定侧的指标打滑，则务必重新校正。

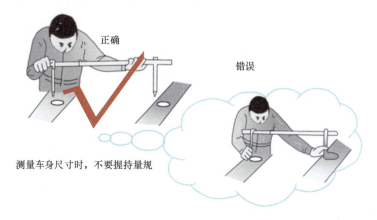

图2-5 车身伸缩量尺操作注意事项

（三）轨道式量规

如果一些测量点之间不能进行直线测量，就需要使用轨道式量规，如图2-6所示。轨道式量规可以用来测量两个测量控制点之间的距离。轨道式量规一次只能测量和记录一对测量点，根据汽车车身技术文件提供的测量点数据进行比较，判断汽车质量状况、汽车车身构件损坏或局部变形状况等。用轨道式量规测量时，应看清技术文件提供的测量点位置及构件的外部几何形状，采用正确的测量方法，尽量减小误差。在进行汽车修理过程中，对重要的测量控制点应用轨道式量规反复测定并记录，以判断汽车质量状况和用来监测维修进度和维修方法是否有效合理。

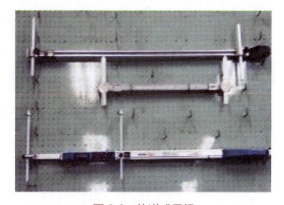

图2-6 轨道式量规

1. 轨道式量规测量作业前的检查

轨道式量规、尺寸读数部分和指示测量物的测头是分开的。因此在作业时，测头如果有变形和摆动就不能正确地测量，作业前必须按以下方式进行点检：

（1）滑动部位的不顺畅　检查紧固测头的螺钉是否固定，并确认测头和滑动部位是否顺畅，如图2-7所示。

（2）测头的变形　拆下测头，使其在如平板那样的平面上滚动，如果是板状的同样测试其有没有空隙。此外，选择一个容易区分又好测量的长度为标准，用测头和凸面钢卷尺等分别测量来进行比较，以读数来进行点检。测头间的长度和刻度的数值不同时，需要进行修复。

图2-7　滑动部位的检查

2. 轨道式量规的测量

在车身结构设计中，设有工艺孔和维修孔，这些孔又都能作为基准和控制点进行测量，对孔的测量一般都是测量一个孔的中心至另一个孔中心的距离，轨道式量规由于它的测头是锥形的，因此进行点对点的测量更有效。用轨道式量规对孔进行测量时，如果测量孔直径比轨道式量规的锥头小，那么测头的锥头就能起到自定心的作用，如图2-8所示。但是有的测量孔直径会大于测头的直径，这时只能测量测量孔的边缘，如图2-9所示。对于相同直径的两个测量孔进行测量时，由于两个孔中心的距离等于两个孔同侧边缘的距离，为了对孔的测量更为准确，可以用同缘测量法进行测量，如图2-10所示。

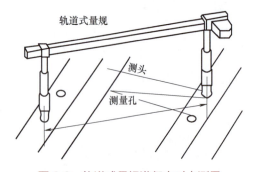

图2-8　轨道式量规进行点对点测量

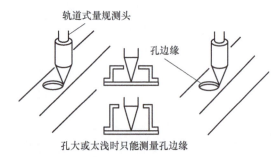

图2-9　轨道式量规测量测量孔大于测头

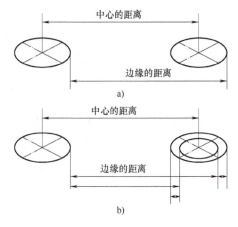

图2-10　同缘测量法

如果测量孔直径不同,但所测孔是同一类型的孔,如圆孔、方孔和椭圆孔等,要测出两个孔中心的距离,就要先测得两个孔内缘间距,然后测得两孔外缘间距,再将两次测量的结果相加除以 2 即可,也就是说,孔径不同时,内边缘和外边缘的平均值与孔中心的距离相同,如图 2-11 所示。

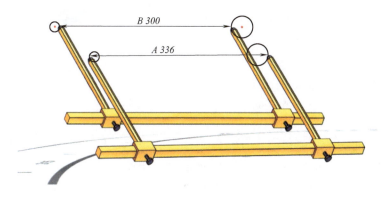

图 2-11　不同直径孔的测量

使用轨道式量规进行测量时,应该根据维修手册的标准尺寸精准地测量校正定位,如果没有标准尺寸,可以使用同一辆相同型号车辆的尺寸作为参考,在平时的作业过程中,都是采用车身未受损的一侧作为测量依据进行测量。

3. 使用轨道式量规测量的注意事项

1)测头要准确地插入要测量的点孔。必须把测头准确插入测量孔里才能求孔的中心间距离。固定好滑动部位后,一旦某侧的测头从孔中浮出来,需要再次插入并确认其中心位置是否正确,如图 2-12 所示。

2)测头不要超出自身极限的长度。测头伸出太长就容易弯曲,比例尺的读数和测头前端的尺寸容易产生误差,如图 2-13 所示。

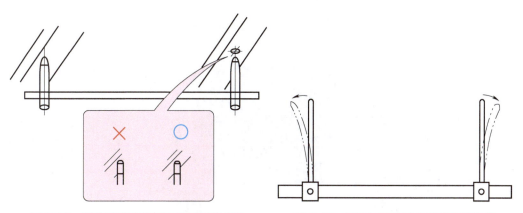

图 2-12　测头要准确地插入要测量的点孔　　图 2-13　测头不要超出自身极限的长度

3)测头带有适配器的场合。两侧的孔径都比测头外径大的场合,只有两个测头都带上适配器来测量才能正确地测定。如果只是单方面使用适配器，测量的尺寸误差会变大，如图 2-14 所示。

4）汽车上控制孔的测量位置应在孔的中心，如果中心无法测量，也可以测量两个孔的同一侧边距。

5）点至点的测量应该为两点间的直线距离，如果中间有障碍，应该设法让测量点提高或者降低。

6）测量时轨道式量规应该与汽车车身平行，但由于车身的形状不在一个平面上，轨道式量规臂应做调整，将轨道式量规臂上的指针根据车身尺寸设置成不同长度。

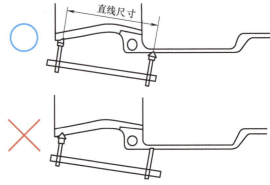

图 2-14　测头带有适配器的场合

7）对车身进行各种要求的测量时，应该根据维修说明书的建议采用统一测量方法进行，如果测量方法不统一，测量时就很容易发生错误，如使用平行测量或点至点之间的长度测量，应采用统一的测量方法。

8）测量时对受损车身上实际尺寸的各个测量点都应该进行测量，用标准尺寸减去实际测量尺寸即可确定损坏的程度。

（四）电子式车身测量系统 + 辅助支撑系统

电子式车身测量系统是利用计算机和传感器来迅速、便捷地测量车身结构的损坏情况。在电子式车身测量系统中，计算机数据库储存了大量不同厂家、不同年代的原厂车身数据，在测量时可以将实际的测量值与相对于车型车身的标准数据进行比较，以确定车身结构是否变形和变形的具体数值，免去了人工查阅数据手册或测量值。

现在使用最为广泛的就是半自动电子测量系统，半自动电子自由臂测量系统测量臂端部是测头，在测量中每次测量一个控制点，控制点如果发生变形后测量结果就会不准确，如图 2-15 所示。在车身板件更换时，可以使用电子测量精准控制新件的位置，再使用辅助支撑系统固定住新件，然后进行校正定位焊接作业，如图 2-16 所示。

图 2-15　电子式车身测量系统 + 辅助支撑系统

半自动电子测量系统

项目二　车身板件焊接前的校正定位

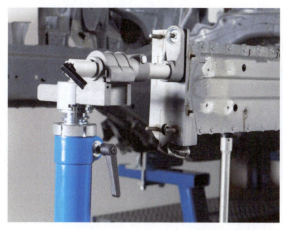

图 2-16　辅助支撑系统校正尺寸

(五) 专用模具式大梁校正仪

汽车车身都是通过车身专用模具将车身板件固定在车身模具上对板件进行快速定位、安装和焊接等工作的，最后进行焊接组装而成汽车车身整体，要制作一个尺寸、形状均符合技术设计要求的车身构件，就需要一套标准的专用定位模具。一套标准的专用定位模具一般由 14~25 个专用定位模具组成，它们既可以单独使用又可以一起使用，如图 2-17 所示。

专用模具式大梁校正仪具备汽车制造厂生产线组装板件的功能，100% 达到原厂生产线相同的精准度。模具系统的参考点可以最直观地提供 X-Y-Z 三维尺寸，最大可能地消除人为因素错误。当车体需要更换板件时，模具头件会将新的板件精确地装设于正确的位置上，技师可以自由地进行其他作业，如图 2-18 所示。

图 2-17　原厂车身专用定位模具　　　　图 2-18　专用模具式大梁校正仪

在如今各大高端汽车 4S 店钣金维修中心广泛使用专用模具式大梁校正仪，专用模具式大梁校正仪的优势如下：

1) 依据车体撞损的状况，按照车身构件拆卸或不需拆卸，将模具头按照模具安装图样按部就班地装置上去，钣金技师就可以在极短的时间内立即看出车体上全部损伤及变形的状况，如图2-19所示，然后进行车身校正或者进行板件的更换。

图2-19　安装专用测量模具测量车体部件的损伤情况

a）车辆损伤模具装不上　b）车辆完好模具可正常安装

2）以简单的拉拔作业即可将变形的车体正确地校正到模具头件指示的位置上，当拉拔校正作业持续进行时，模具头件可以将车体已校正完成的部分固定在正确的位置上，如此，车体其他损伤部位的应力会容易消除，模具系统把新件部分保持在应有的位置并且完全将车体与新件匹配无误，技师可以轻松地进行焊接作业。

3）钣金维修质量不再倚赖技师技术水准，使用专用模具系统的技术力门槛低。

4）专用模具系统的校正及车身构件更换作业具有高准确度、简单、人性化的特点，可提高维修速度与人员、设备的周转率，使工程管理及管制更为明确，更易达成准时交车的目的。

二、调整车身板件间隙

在更换车身结构件与非结构件时，调整车身板件间隙是必不可少的项目之一，调整合适后进行定位，才能进行焊接作业。如更换车身后侧围板，就需要原厂维修手册调整新的后侧围板与车门、行李舱盖等相邻部件的间隙，如图2-20所示。常使用到的工具就是车身间隙量规，如图2-21所示。

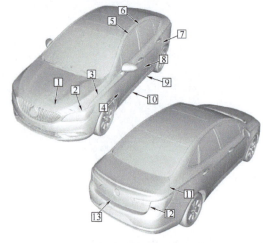 

图2-20　调整车身板件间隙　　　　　　图2-21　车身间隙量规

1~13—间隙

三、调整车身板件高低面差

在更换车身结构件与非结构件时，调整车身板件高低面差是必不可少的项目之一，调整妥当后进行定位，才能进行焊接作业。如更换车身后侧围板，就需要调整好新的后侧围板与车门、行李舱盖的高低面差，一般采用的工具有车身样板规和钢直尺，如图 2-22 所示。

a)　　　　　　　　　　　　　　　　　　b)

图 2-22　车身样板规与钢直尺

a）车身样板规　b）钢直尺

任务实施

（一）作业准备

1. 设备器材

钢卷尺、车身伸缩量尺、轨道式量规、电子式车身测量系统、辅助支撑系统、大梁校正台、车型专属模具、车身间隙量规、车身样板规、钢直尺等。

2. 场地设施

汽车钣金实操实训场地。

3. 安全防护用具

工作服、工作帽、工作鞋、防护手套、护目镜、耳塞、口罩等。

（二）工作计划

每四位同学一组，学习车身焊接前校正尺寸的种类，包括对比车身孔位、调整车身相邻板件的间隙、调整车身板件高低面差。同时练习比对车身孔位、调整车身相邻板件的间隙、调整车身板件高低面差常用工具、设备的使用和操作技巧。

（三）实施工作

焊接前校正尺寸作业流程：

1）损伤评估。

2）专用工具设备、耗材及个人防护用品的准备。

3）查看维修手册。

4）凹面的修复。

有一个隆起的损伤，应该用_____方法进行修理。

5）板件切割。板件切割时要保证切口一致性，选择正确的气动切割锯和锯片。对接口进行_____、_____。

6）新件安装固定。新件的安装需要先_____，然后调整_____。

7）清洁。施焊前焊缝区（坡口面、I型接头立面及焊缝两侧）母材表面_____宽范围内的氧化物、油、锈垢等彻底清理干净，呈现均匀的金属光泽。

8）焊接。焊接新钢板时，不应_____的部位开始焊接。

9）修整完毕，整理工位，6S管理。

任务练习

1. 填空题

1）在车身焊接作业前，需要进行车身更换板件尺寸的校正，校正尺寸的类型主要包括_____、_____和_____。

2）使用轨道式量规时，需要进行量尺水平调节，与地面水平为基准，所测得的尺寸为_____；在车身上进行水平调整，所测得的尺寸为_____。

2. 简答题

谈谈专用模具式大梁校正仪的优势。

任务评价

评价指标			学生自评（30%）	小组互评（30%）	教师评价（40%）
素质评价（20%）	劳动态度（4分）				
	工作纪律（4分）				
	安全操作（4分）				
	环境保护（4分）				
	团队协作（4分）				
技能评价（80%）	工具使用（10分）				
	任务方案（10分）				
	实施步骤（40分）	安全防护穿戴			
		工具的准备			
		损伤评估			
		凹陷修复			
		切割板件			
		更换板件			
		6S管理			

（续）

评价指标		学生自评 （30%）	小组互评 （30%）	教师评价 （40%）
技能评价 （80%）	完成结果（10分）			
	作业完成（10分）			
	本次得分			
	最终得分			

教师签名：_____

日期：_____年___月___日

任务二
车身板件定位

任务目标

知识目标	1. 说出汽车车身维修常用的夹具（大力钳的种类）。 2. 描述汽车板件定位的工具设备安全操作准则。
能力目标	能够在焊接前对车身板件进行准确定位。

知识准备

车身焊接前的定位

（一）专用夹具定位

在车身板件焊接过程中，大力钳、C 形夹钳、薄板螺钉、定位焊夹具或各种专用夹具是必不可少的工具，如图 2-23 所示。焊接用固定夹钳的后端螺栓可以调节，以夹紧不同厚度的工件，钳口可以缩紧并产生很大的夹紧力，使被夹住的板件不会松脱，焊接用固定夹具张开和释放的操作如图 2-24 所示。在进行焊接操作前，一定要用焊接夹具把所要焊接的部件正确地夹在一起，在无法夹紧的地方，可以使用锤子或者铆钉将两块金属板固定在一起，如图 2-25 所示。

（二）自攻螺钉定位

在有些情况下，一块金属板的两边不能同时夹紧。这时，可采用一种简单的方法，就是用一些薄板金属螺钉将两块金属板固定在一起，如图 2-26 所示，以便在焊接过程中得到适当的定位。在用薄板金属螺钉将两块金属板固定在一起之前，应在两块金属板上打一些孔，一般将孔打在金属板上离操作者最近的地方。焊接完成后，要对这些孔进行塞焊。

在某些情况下，虽然焊接夹具将需要焊接的两块金属板对准了，但是不能保持焊接部位所需要的夹紧力，这时应采用一些另外的夹紧装置，来确保两块金属板能够紧密地固定在一起。

项目二　车身板件焊接前的校正定位

汽车维修专用夹具—大力钳

图 2-23　焊接用固定夹具

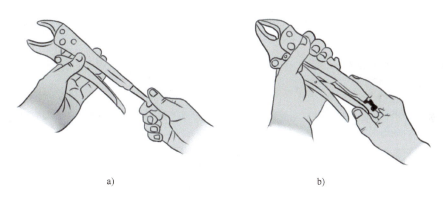

a)　　　　　　　　　　　　　　b)

图 2-24　焊接用固定夹具张开和释放的操作
a）张开　b）释放

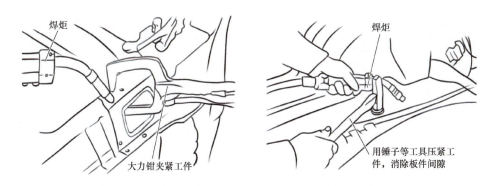

图 2-25　使用焊接用固定夹具或者锤子等工具固定焊接部件

(三)专用模具定位

在更换车身结构件时,通过简单的固定夹具无法稳定地将车身构件固定住,就需要使用专用模具式大梁校正仪的专用定位模具进行校正定位。

(四)单面点焊定位

在更换车身非结构件时,专用夹具无法夹持到的地方可以使用车身外形修复机的单面点焊功能进行点焊定位,注意焊接电流必须调小,如图 2-27 所示。

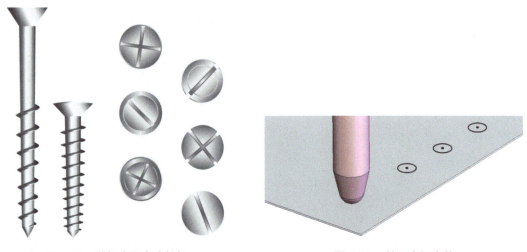

图 2-26　薄板金属自攻螺钉　　　　图 2-27　单面点焊定位

任务实施

(一)作业准备

1. 设备器材

大力钳组、低速气钻、专用模具式大梁校正仪、车型专属模具、介子机、整体式车身、钣金锤等。

2. 场地设施

汽车钣金实操实训场地。

3. 耗材

螺钉。

4. 防护工具

工作服、工作帽、工作鞋、防护手套、护目镜、耳塞、口罩等。

(二)工作计划

每四位同学一组,进行车身焊接前的校正定位作业,包括专用夹具定位、螺钉定位、车型专用模具定位和单面点焊定位。

（三）实施工作

板件定位作业流程如下：

1）损伤评估。

2）专用工具设备、耗材及个人防护用品的准备。

3）新板件的切割。

4）新板件焊点位置定位。

在点焊或塞焊的位置做上不同的记号，以便于辨认，并在新的钢板上做记号，新板件的标记原则是_____。

5）新板件清洁。

6）新板件安装。

将新板件与车身部件的装配标记对准，并用台虎钳将它们夹紧。没有参考标记的零件，应根据旧件的相同位置来对比安装，使用锤子轻轻敲击调整。

7）固定板件。

假如测量尺寸与参考值相符，通过惰性气体保护焊点焊一个点，定位焊点应选择在_____的部位。

8）修整完毕，整理工位，6S 管理。

任务练习

1. 判断题

1）在焊接作业前，一定要进行校正定位作业才可以实施焊接。（   ）

2）在焊接前校正定位时，车型专属模具主要用于车身结构件更换时定位作业。（   ）

3）单面点焊校正定位时，焊接电流可以随意调节，只要焊接上就行。（   ）

4）大力钳校正定位时，需要调节尾部螺栓进行夹持作业。（   ）

2. 简答题

1）在焊接作业前，一定要进行校正定位作业才可以实施焊接，最常用的就是大力钳，请问车身维修常用大力钳的种类有哪些？

2）在两块板件无法同时夹紧的情况下，可以采用哪些方式进行焊接前的校正定位？

3）使用单面点焊进行焊接前的校正定位，需要注意的事项有哪些？

4）进行车身结构件更换作业时，为了保证更换零部件装配定位的准确性，常使用到的定位设备有哪些？

任务评价

评 价 指 标			学生自评（30%）	小组互评（30%）	教师评价（40%）
素质评价（20%）	劳动态度（4分）				
	工作纪律（4分）				
	安全操作（4分）				
	环境保护（4分）				
	团队协作（4分）				
技能评价（80%）	工具使用（10分）				
	任务方案（10分）				
	实施步骤（40分）	损伤评估			
		工具的准备			
		新板件切割			
		新板件清洁			
		新板件安装			
		新板件定位固定			
		6S 管理			
	完成结果（10分）				
	作业完成（10分）				
本次得分					
最终得分					

教师签名：_____

日期：_____年____月____日

项目三　车身焊接作业标准

　　汽车车身是由金属板材经冲压制成的独立构件，然后通过组合将多个构件连接成一个整体，由于汽车车身绝大部分都是车身覆盖件，如翼子板、发动机舱盖和车门外板等，这些车身覆盖件有的是可以拆卸分离的，有的则是通过焊接、铆接或者胶粘技术将构件连接在一起，车身上的金属构件连接在一起的方式分为可拆卸连接方式和不可拆卸连接方式两大类别。

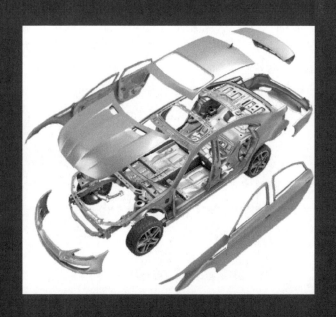

 汽车焊接工艺

任务一
车身板件连接方式的认知

 任务目标

知识目标	1. 描述汽车车身结构的发展历程。
	2. 列举出现代汽车安全技术。
	3. 列举出汽车车身金属构件的可拆卸连接方式。
	4. 列举出汽车车身金属构件的不可拆卸连接方式。
能力目标	能够对车身进行一个整体的辨识。

 知识准备

一、汽车车身结构的发展

（一）汽车发展历程

1769 年，法国人 N.J. 居纽制造了世界上第一辆蒸汽驱动的三轮汽车，如图 3-1 所示。这辆汽车被命名为"卡布奥雷"，车长为 7.32m，车高为 2.2m，车架上放置着一个形状像梨的大锅炉，前轮直径为 1.28m，后轮直径为 1.50m，前进时靠前轮控制方向，每前进 12~15min 需停车加热 15min，运行速度为 3.5~3.9km/h。

图 3-1　法国人 N.J. 居纽制造了世界上第一辆蒸汽驱动的三轮汽车

1886年，德国的卡尔·奔驰发明了以内燃机为动力的第一辆三轮汽车，如图3-2所示。这辆汽车装有卧置单缸两冲程汽油发动机，785mL容积，0.89匹马力（1马力=735.499W），速度为15km/h。该车前轮小、后轮大，发动机置于后桥上方，动力通过链和齿轮驱动后轮前进。该车已具备了现代汽车的一些基本特点，如电点火、水冷循环、钢管车架、钢板弹簧悬架、后轮驱动、前轮转向和制动手把等。

汽车车身功用

图3-2 卡尔·奔驰发明的第一辆三轮汽车

1914年，美国道奇发明了第一辆全钢汽车，如图3-3所示。同年道奇公司生产了第一辆全金属汽车。

汽车发展史

图3-3 道奇发明第一辆全钢汽车

随着新车身结构的诞生，车身的连接技术也发生了改变，木制车架的螺纹连接和铆钉连接逐渐被焊接所取代，图3-4所示为木制车架连接和钢质车身的焊接。而焊接带来的好处不仅仅是连接强度增大、安全性提高，还大大提高了车身的密封性能，减轻了车重，降低了车内噪声，获得了更好的行驶舒适性。

图3-4 木制车架连接和钢质车身的焊接

(二)现代汽车车身的结构

现代车身结构的特点是安全车身和轻量化车身。安全车身的设计是为了当车辆发生碰撞时,将撞击力分散,从而保证驾驶室不发生变形,最大限度地保证车内乘员的安全,图3-5所示为现代汽车车身的结构特点。

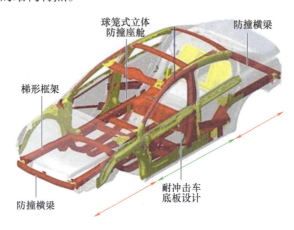

图3-5 现代汽车车身的结构特点

车身结构的设计除了要能承受一般行驶的冲击外,还必须在发生事故时保障乘客的安全。而为了使严重的撞击事件中车身受撞击后即能吸收最大的能量,又能将危及乘客的影响降到最低程度,车身就必须有特殊的考虑,汽车车身设计的原则如图3-6所示,前后车身都设计成在某种程度下结构容易变形,以吸收撞击能量,而驾驶室不易变形,以保护乘客的安全。

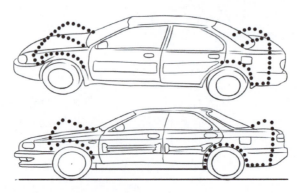

图3-6 汽车车身设计的原则

(三)现代汽车安全技术

现代汽车安全技术可以分为主动安全技术和被动安全技术两大类型,如图3-7所示。

主动安全技术是指通过提高或增加车辆的某些性能,以达到避免交通事故发生的技术,这类技术通常是使用以传感器、计算机、执行机构构成的控制系统使车辆具备某种特定的功能,以使汽车能够具备传统汽车不具备的能力来避免事故的发生,即任何能对预防事故发生有积极作用的技术与设备，都属于主动安全技术。

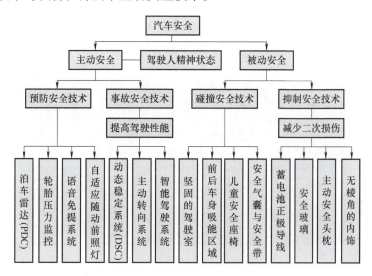

图 3-7　汽车安全技术

被动安全技术是指在车辆事故发生后通过某种方式尽可能降低乘员受到伤害的程度，以提高车辆的安全性，同样，当事故发生后，任何能把事故伤害降低的技术与设备，都属于被动安全技术。

1. 被动安全技术的介绍

被动安全技术的作用是在事故发生后尽可能降低乘员伤害程度的一种安全技术，同样，当事故发生后，任何能把事故伤害降低的技术与设备，都属于车辆的被动安全技术。被动安全技术是生命安全的最后保障，是直接关系到能否在事故中化险为夷的安全技术。

（1）现代汽车车身结构的设计　现代汽车车身结构的设计理念是在发生碰撞后尽可能地保证驾驶室不发生变形，充分利用车头和车尾的变形来吸收撞击能量，以达到保护乘员安全的目的，如图 3-8 所示。因此，在进行车身结构设计时要充分考虑车辆受撞击时的受力情况，尽可能将驾驶室受到的撞击力引导并分散，图 3-9 所示为车身侧面发生碰撞撞击力分散的示意图。

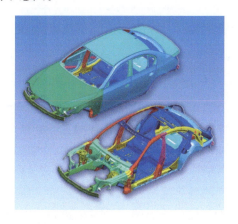

图 3-8　现代汽车车身结构的设计

图 3-9　车身侧面发生碰撞撞击力分散的示意图

GOA（Global Outstanding Assessment）安全车身便是依据这种设计理念开发出的车身结构。它是丰田汽车公司的专利车身技术。这种车身位于车前后的可溃缩车体，不仅能应对事故撞击，还可以全方位地加强驾驶室安全防护，缓冲二次撞击，有利于驾驶人自救或被救，如图3-10所示。

图3-10　GOA安全车身

（2）现代汽车车身连接工艺　现在汽车车身制造中采用胶粘点焊技术，大大地提高了车身的抗扭强度，同样也大大地提高了车身的被动安全性能，如图3-11所示。

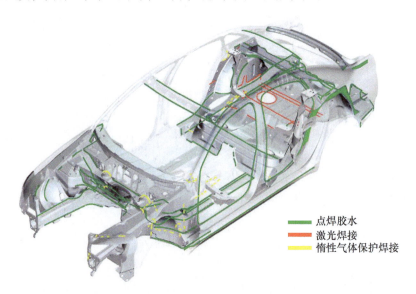

图3-11　胶粘点焊技术

（3）安全带　安全带的作用是在发生事故时将乘员牢牢地固定在座位上，以防止乘员与风窗玻璃、仪表板发生二次碰撞而受到伤害，如图3-12所示。源自美国NHTSA（国家高速公路交通与安全管理局）的研究显示，座椅安全带使前排乘客在交通事故中的死亡危险降低了50%，是一项非常有效的被动安全技术。

（4）安全气囊　当车辆发生碰撞时，需要非常大的外力才能使物体停止运动。所有附加限制系统的目标都是在尽可能小地对乘客造成伤害的前提下，使乘客停止运动。安全气囊的工作就是把乘客的运动速度减小到零，同时对乘客不造成伤害或仅造成轻微的伤害，

图 3-13 所示为安全气囊展开的状况。

图 3-12 座椅安全带

图 3-13 安全气囊展开的状况

安全气囊的作用过程为：当汽车发生碰撞时，安全气囊传感器检测撞击强度，如果轻微碰撞，则无须引爆安全气囊，如果事故严重，安全气囊系统将点燃气体发生器，气体发生器高速燃烧产生出大量气体，充满安全气囊。安全气囊以高达 22km/h 的速度从安装位置精确爆出。1s 之后，气体迅速地从安全气囊的小孔中排泄出去，缩小的安全气囊可以使乘员方便离开。图 3-14 所示为安全气囊作用过程图。

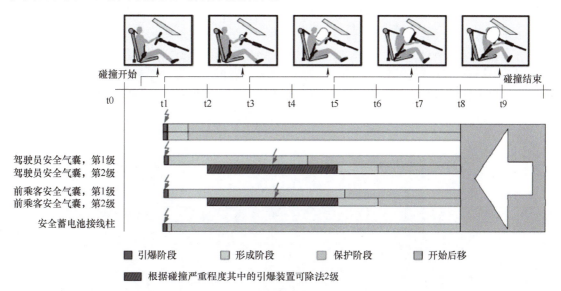

图 3-14 安全气囊作用过程图

（5）正确的维修技术　在进行车身构件更换作业时，特别是车身结构件更换，必须参照厂家维修手册规定的切割位置及连接工艺进行车身修复，其是保证车身强度的重要部分。图 3-15 所示为车身结构件更换厂家维修手册规定的切割位置。

（6）没有棱角的内饰　驾驶室内饰必须没有棱角，当发生碰撞时，能有效避免二次损伤，如图 3-16 所示。

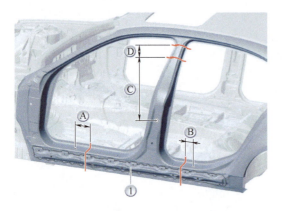

图 3-15 车身结构件更换厂家维修手册规定的切割位置

图 3-16 没有棱角的内饰

(四) 汽车车身轻量化的发展趋势

据相关统计,近几年生产的普通轿车,其主要材料的重量构成比大致为:钢铁 65%~70%、有色金属 10%~15%、非金属材料 20% 左右。而不可否认,在轻量化趋势的影响下,各种新型材料,如轻金属材料、复合材料等将越来越多地应用于现代汽车,并且难以避免地将挤压一些传统汽车材料的占比。例如超高强度钢、铝合金、镁合金和碳纤维等复合材料的采用。

钢材一直是最主要的汽车材料,现代汽车车身在制造时,都是采用强度好、重量轻的高强度钢来制造现代车身板材,高强度钢是在普通钢材的基础上进一步提升性能,能够达到减重,以及提高碰撞安全性的效果,在汽车底盘横梁加强板、悬架支架和发动机支架等部件广泛应用。尽管其成本相比普通钢材有所增加,但是相较于其他轻质材料而言仍较有优势。例如宝马 5 系 B 柱材料厚度一直在减小,强度增大,如图 3-17 所示。

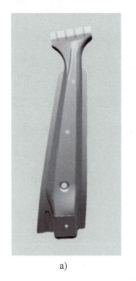
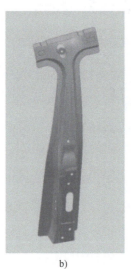
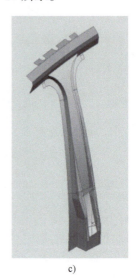

图 3-17 宝马 5 系 B 柱材料
a) E39 2mm b) E65 1.5mm c) E60 1.2mm

1. 汽车整车重量减轻的优势

1）对于传统汽车，减轻重量可减少二氧化碳的排放量，经过计算：车重每减少100kg，二氧化碳排放量减少8.8~12g/km；同时也可以减少燃油的消耗量，经过计算：车重减少100kg，燃油消耗量减少0.35~0.5L/100km。

2）减轻汽车重量可以提高其加速性能；顶部和车门减重，可以降低汽车重心，增强稳定性；前部减重，可以使汽车重心后移，改善操纵性能。

3）对于现代新能源汽车，可以加大新能源车的续驶里程。

2. 车身结构高强度钢板

随着汽车的发展和环保的要求，车身的重量越来越轻，安全性能越来越高，普通的钢材已经不能适应汽车发展的需要。在车身上已经开始大量应用不同种类的新材料，如高强度钢、超高强度钢、铝合金和塑料件等。新材料的大量应用使车身板件的性能发生了非常大的改变，传统的修理工具设备及修理方法不能很好地修复已损坏的车身板件。所以要了解车身上主要材料的种类和性能，才能有针对性对新型车身进行高质量的修复。

（1）生铁、铸铁、钢材　生铁是指来自高炉且未经过继续处理的铁。铸铁通过生铁熔化和清洁处理后得到。钢是一种C（碳）质量分数低于2%的铁合金。钢材所使用的分类方式如下：高强度钢的屈服极限从$180N/mm^2$开始，可以分为高强度钢、较高强度钢和超高强度钢，如图3-18所示。

图3-18　超高强度钢的应用

1）高强度钢。高强度钢泛指强度高于低碳钢的各种类型的钢材，一般强度为$200N/mm^2$以上。包括IF钢（无间隙原子钢）、BH钢（烘烤硬化钢）、微合金钢和IS钢（各向同性钢）。

2）较高强度钢。包括DP钢（双相钢）、TRIP钢（相变诱导塑性钢）、特种钢和新种类TWIP钢（孪晶诱导塑性钢）。

3）超高强度钢。包括CP钢（复相钢）、MS钢（马氏体复相钢）和MnB钢（锰硼合金钢）。多相硼钢应划为子类，从DP钢、TRIP钢、CP钢、MS钢开始，直至硼钢（屈服极限约为$250N/mm^2$，图3-19所示为现代车身采用超高强度钢的部位。

车身每一处材料，原厂都在很大范围内选择合适的材料来满足汽车动态和静态的强度，材料一般有屈服强度、抗拉强度和断后伸长率三个特性。

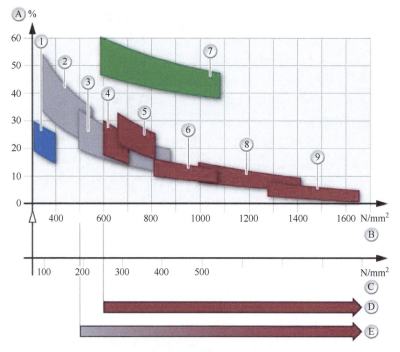

图 3-19　现代车身采用超高强度钢的部位

①—铝合金　②—深拉延钢　③—传统较高强度钢（BH 钢、IF 钢、IS 钢）　④—DP 钢
⑤—TRIP 钢　⑥—CP 钢　⑦—较高强度奥氏体钢（特种钢）　⑧—MS 钢　⑨—硼钢
A—断后伸长率（%）　B—抗拉强度　C—屈服极限　D—多相钢　E—较高强度钢

（2）高强度钢板　由于低碳钢的强度低，为了获得足够的强度和刚性就需要增加零部件的几何尺寸，从而加大车身的质量。所以现在大量应用高强度钢和超高强度钢，以使车身变轻，同时又具有很大的刚性和强度。

现代的车身外部覆盖件一般采用低碳钢或强度比较低的高强度钢制造，但是车身的结构件都采用高强度钢和超高强度钢来制造。图 3-20 所示为各种高强度钢制成的部件在现代车身中的应用。

二、汽车车身常用连接方式

（一）可拆卸连接方式

汽车车身上的发动机舱盖、行李舱盖、前翼子板和车门等，都属于车身的活动部件，这些构件称为非永固构件，这些构件在维修作业时需要进行拆卸修理作业，因此不能采用永久性的连接方式，只能采用可拆卸的形式将这些车身活动部件连接在一起。可拆卸连接方式可分为螺纹连接、卡扣螺钉连接、自攻螺钉连接和铰链连接。

车身可拆卸连接方式

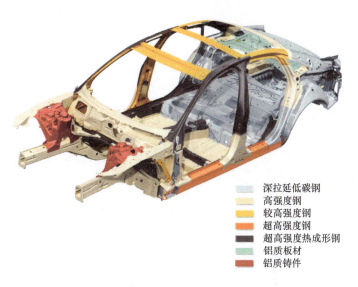

图 3-20　各种高强度钢制成的部件在现代车身中的应用

1. 螺纹连接

螺纹连接是非永固性的，随时可以根据需要进行拆卸的连接方法。汽车设计制造时，考虑到能够方便拆卸，都是采用螺纹连接的方法将构件与构件连接起来。

螺纹连接方法可以是由螺栓与螺母直接连接，如图 3-21 所示。也可以将螺母预先焊接在车身板件上，然后通过螺栓将另一块车身板件连接在一起，如图 3-22 所示。对于板件比较厚的部位，也可以在板件上直接攻入螺纹，然后使用螺栓将构件与构件连接在一起。

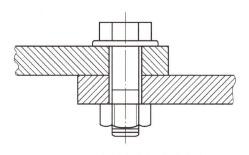

图 3-21　螺栓与螺母直接连接

螺栓与螺母直接连接

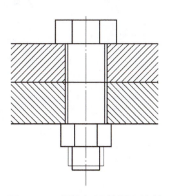

图 3-22　螺栓与焊接螺母连接

螺栓与焊接螺母连接

2. 卡扣螺钉连接

在汽车车身中，某些部位由于某种原因需要安装的零部件比较多，而空间又较小，采用螺纹连接拆装不方便，也可能由于板材较薄，焊接螺母会引起板材的变形或者不可预见的情况，在这种情况下一般都是使用卡扣螺钉进行构件与构件的连接。

采用卡扣螺钉连接方式时，需要在固定的地方使用电钻钻好孔，孔径的大小要与卡扣螺钉的直径相同，然后将卡扣插入此部位，再使用螺钉拧入，卡扣螺钉连接如图 3-23 所示。利用卡扣螺钉连接构件方便、简单。卡扣螺钉连接主要用于安装汽车室内装饰件、装饰条，外部装饰件、电路等，卡扣的形式多种多样，如图 3-24 所示。

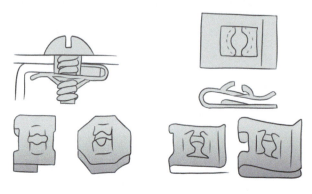

图 3-23　卡扣螺钉连接

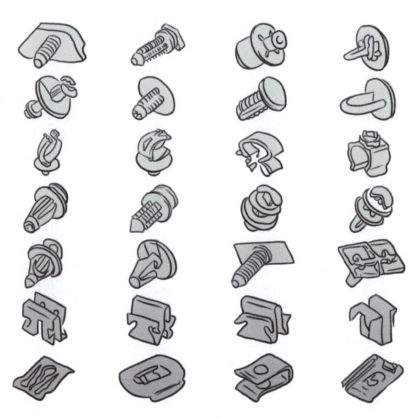

图 3-24　各式卡扣的形式

3. 自攻螺钉连接

自攻螺钉多用于薄金属板之间的连接，使用自攻螺钉连接方式连接车身构件时，先要对被连接构件按照螺钉规格进行钻孔，再将自攻螺钉拧入被连接件的螺纹底孔中，由于自攻螺钉的螺纹表面具有较高的硬度（≥45HRC），可在被连接件的螺纹底孔中攻出内螺纹，从而形成连接。自攻螺钉连接用于对强度要求不是很高的部位。自攻螺钉的种类如图3-25所示。

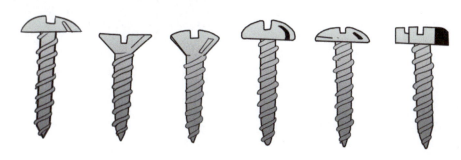

图 3-25　自攻螺钉的种类

4. 铰链连接

对一些经常需要活动的车身构件，一般都采用铰链连接的方式。铰链连接主要用来连接车门、发动机舱盖和行李舱盖等需要经常开关的部件，用铰链连接的构件，在维修时拆装方便。铰链连接如图3-26所示。

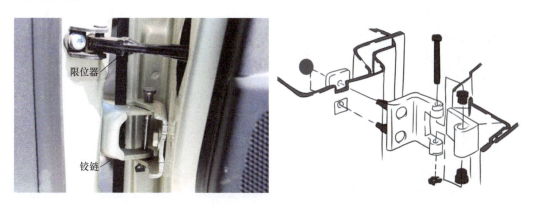

图 3-26　铰链连接

（二）不可拆卸连接方式

在车身连接中，对于一些不能用螺栓连接和卡扣连接的车身构件，一般都采用不可拆卸的连接方式。

1. 褶边连接

车身中无法采用焊接或者铆接方式的构件可以采用褶边的方法进行连接，如车门内外板、发动机舱盖内外板、行李舱盖内外板的连接，褶边连接的方法是将一块板件的边先折成一定形状，再将另一块板件放

车身不可拆卸连接方式

入褶边位置进行扣合，如图3-27所示。图3-28所示为汽车发动机舱盖内外板褶边连接。

图 3-27　褶边连接

图 3-28　汽车发动机舱盖内外板褶边连接

2. 铆钉连接

铆钉用来连接车身上不同材料（当使用其他方式不能有效连接时），或用来连接铝、镁或塑料车身等，铆钉连接属于不可拆卸连接方式。铆钉连接的方式不同于气体保护焊焊接，其必要时可以将铆钉拆卸分离车身构件而不会损伤材料。

铆钉连接的方式有多种，包括盲铆接、自冲铆接（冲压铆接）和冲孔铆接。

3. 黏结连接

在现代汽车车身上，黏结连接新工艺已在一些车身的大面积面板、铝合金车身板件和塑料车身件等构件的连接中广泛使用。黏结连接主要用于车身上需要密封的部件，如图3-29所示。黏结一般不单独使用，而是配合螺栓、铆接、电阻点焊和褶边连接等方式一起进行，如图3-30所示。

图 3-29　黏结连接

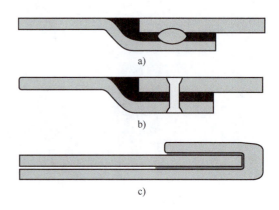

图 3-30　黏结连接的不同方式
a）黏结和电阻点焊连接　b）黏结和铆接连接　c）黏结和褶边连接

4. 焊接连接方式

焊接是对需要连接的金属板件加热，使它们共同熔化，最后接合在一起的方式。焊接在现代车身接合中应用最为广泛，其是由于焊接可以获得与母材相接近的强度，而且连续焊接不仅具有良好的水密性、气密性，而且有比其他任何连接方式都可靠的接合强度。同样，在车身维修作业中，对于车身构件的接合也离不开焊接工艺的应用，尤其是维修因为行驶导致事故而损伤的车辆，如车身构件的撕裂及严重变形需要切割更换构件。离开了焊接的工艺是完不成修复的目的。

（1）焊接方法　焊接基本上可分为熔焊、压焊和钎焊三种方法，如图 3-31 所示，其中标"*"的几种焊接方式可用于车身修理。

1）熔焊：通过电弧或火焰等方式将金属件加热到熔点，使它们熔化连接在一起（通常采用焊条、焊丝）。

2）压焊：压焊是通过电极对金属加热使其熔化，并加压使金属连接在一起。在各种压焊方法中，电阻点焊是汽车制造业中最常用的焊接方法，但它在汽车修理业中应用还较少。

3）钎焊：在需要焊接的金属件上，将熔点比它低的金属熔化（金属件不需熔化）而进行连接。根据钎焊材料熔化的温度可分为软钎焊和硬钎焊。钎焊材料的熔化温度低于 450℃的是软钎焊，钎焊材料的熔化温度高于 450℃的是硬钎焊。

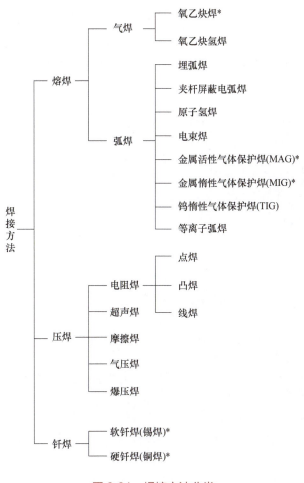

图 3-31　焊接方法分类

（2）汽车车身修理用焊接方式的特点

1）由于焊接的形状不受限制，它适合于连接整体式车身结构，焊接后仍可保持车体的完整性。

2）可减轻重量（不需要增加接合件）。

3）对空气和水的密封性能好。

4）生产率高。

5）焊接接头的强度受到操作者技术水平的影响比较大。

6）如果焊接中产生的热量过多，周围的板件会变形。

各式焊接作业在汽车车身维修作业中占据相当重要的地位，并且焊接技术水平对焊接品质的影响极大，加之现代汽车上普遍采用新型合金材料，使汽车车身维修作业对焊接技术的要求就会更加苛刻。

（3）汽车制造与修理常用焊接方式

1）氧乙炔焊焊接方式。氧乙炔焊是熔焊的一种形式，将乙炔和氧气在一个腔内混合，在喷嘴处点燃后作为一种高温热源（大约3000℃），将焊条和母材熔化，冷却后母材就熔合在一起了。

由于氧乙炔焊焊接操作中要将热量集中在某一个部位（图3-32），热量将会影响周围的区域而降低钢板的强度。因此汽车制造厂都不赞成使用氧乙炔焊来修理车身。但氧乙炔焊在车身修理中有其他的应用，如进行热收缩、硬钎焊和软钎焊、表面清洁和切割非结构性零部件等。

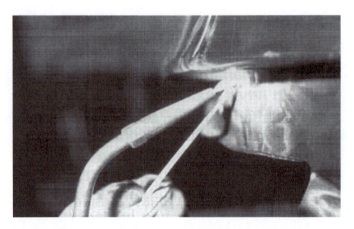

氧乙炔焊焊炬的
调整操作

图 3-32 氧乙炔焊焊接方式

2）惰性气体保护焊焊接方式。现代车身中的纵梁、横梁和立柱等结构件都是应用高强度钢或超高强度钢制造的，熔化极惰性气体保护焊（MIG）在焊接整体式车身上的高强度钢板方面比其他常规焊接方法更适合。当今汽车上使用的新型高强度钢不能用氧乙炔或电弧焊进行焊接，而广泛应用惰性气体保护焊，惰性气体保护焊焊接设备的结构如图3-33所示。

3）电阻点焊方式。电阻点焊是汽车制造厂在流水线上对整体式车身进行焊接时最常用的一种方法，在整体式车身上进行的焊接中有90%~95%都采用电阻点焊。

车身修理所用的电阻点焊机通常是指需要在金属板的两边同时进行焊接的设备（双面点焊设备），而不是指那种从同一边将两块金属板焊接起来的点焊机（单面点焊设备）。双面点焊用于结构性部件的点焊，而单面点焊的强度比较低，一般只能用于外部装饰性面板的焊接。

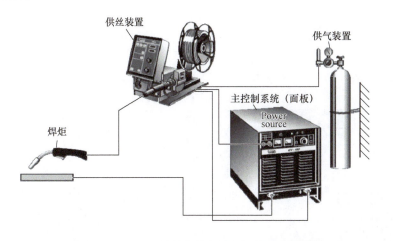

惰性气体保护焊焊接设备

图 3-33 惰性气体保护焊焊接设备的结构

在使用电阻点焊进行车身构件接合时，首先要把车身焊件表面清理干净，再将被焊的板料搭接装配好，压在两个柱状电极头之间，施加压力将板件先压紧，当通过强电流时，在板件接触点产生大量的电阻热，将中心最热区域的金属很快加热至熔化状态，形成一个透镜形的液态熔池，继续保持压力并维持，断开电流，待金属冷却后，形成了一个熔点，如图 3-34 所示。

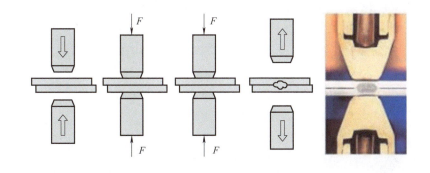

电阻点焊原理

图 3-34 电阻点焊原理图

电阻点焊过程中产生的热量少，对板件的影响小，可以进行快速、高质量的焊接，对操作者要掌握操作技巧的要求也比较少。电阻点焊机适用于焊接整体式车身上要求焊接强度高、不变形的薄型零部件，如车顶、窗洞和门洞、车门槛板以及许多外部壁板等部件，如图 3-35 所示。使用电阻点焊机时，修理人员必须知道如何调整焊机，如何进行试焊和焊接。

电阻点焊焊接有以下优点：
① 焊接成本比气体保护焊等低。
② 没有焊丝、焊条或气体等消耗。
③ 焊接过程中不产生烟或蒸气。

④ 焊接时不需要去除板件上的镀锌层。
⑤ 焊接接头的外观质量与制造厂的焊接接头完全相同。
⑥ 不需要对焊缝进行研磨。
⑦ 速度快。只需 1s 或更短的时间便可焊接超高强度钢、高强度钢、高强度低合金钢或低碳钢。
⑧ 焊接强度高，受热范围小，金属不易变形。

电阻点焊机的调整

图 3-35　汽车车身维修电阻点焊的位置

（4）钎焊焊接方式　钎焊只能用在车身密封结构处。在焊接过程中只熔化有色金属（铜、锌等），而不熔化板件（有色金属的熔点低于金属板），如图 3-36 所示。

钎焊类似于将两个物体粘在一起。在钎焊过程中，熔化的黄铜充分扩散到两层板件之间，形成牢固的熔合区。焊接处强度与熔化黄铜的强度相等，小于板件的强度。因此，只能对制造厂已进行过钎焊的部位进行钎焊，其他地方不可使用钎焊焊接。

钎焊有两种类型，即软钎焊和硬钎焊（用黄铜或镍）。在车身修理中所用的钎焊一般是指硬钎焊。

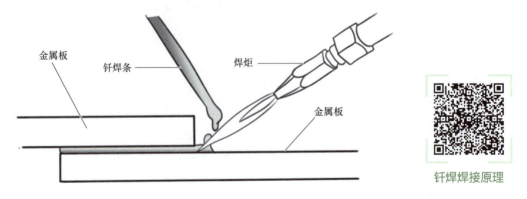

钎焊焊接原理

图 3-36　钎焊焊接方式

汽车制造厂一般使用电弧钎焊将车顶和后顶侧板连接在一起，如图 3-37 所示。电弧钎焊的原理与气体保护焊焊接相同，如图 3-38 所示。不过电弧钎焊使用氩气来代替惰性气体保护焊焊接中的二氧化碳或氩气和二氧化碳的混合气，还需要专用的钎焊丝。电弧钎焊施加在母材金属上的热量很少，母材的变形或弯曲很小。与黄铜熔敷在母材金属上的钎焊方法相比，电弧钎焊缩短了焊接和抛光的时间。另外，电弧钎焊不会产生有毒物质。

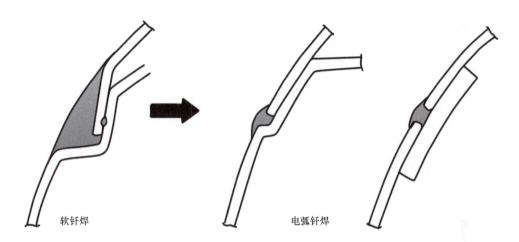

图 3-37　采用软钎焊或电弧钎焊的车身构造

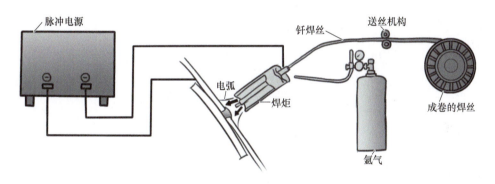

图 3-38　电弧钎焊示意图

在车身修理中使用的钎焊设备通常与氧乙炔焊的设备相同。进行钎焊时，需要氧乙炔焊焊炬、钎焊条、焊接护目镜和手套等。

钎焊焊接特性如下：

1）在钎焊过程中，两块板件是在较低的温度下接合在一起的。板件不熔化，所以板件产生变形和应力较小。

2）由于板件不熔化，所以能够把焊接时不相熔的两种金属接合在一起。

3）黄铜在熔化后有优异的流动性，它能够顺利地进入板件的狭窄间隙中，很容易填满车身上各焊缝的间隙。

4）由于板件没有熔化，而只是在金属的表面相接合，所以钎焊接头的强度很低。

5）钎焊操作过程相对比较简单，操作比较容易。

任务实施

（一）作业准备

1. 设备器材

多媒体设备、模拟车身可拆卸连接方式的板件（螺纹连接、卡扣螺钉连接、铰链连接等）、模拟车身不可拆卸连接方式的板件（胶粘铆接、胶粘点焊、褶边连接、压焊、熔焊、钎焊）、白车身（带四门两盖）。

2. 场地设施

理实一体化教室、实操实训室。

3. 耗材

若干张卡片纸。

（二）工作计划

将学生分为四组在理实一体化的教室，采用讲授法、观摩法、视频动画学习法等方法让学生了解汽车车身的发展历程，同时学习车身常用的连接方式，明白车身上哪些连接方式属于可拆卸连接方式，哪些连接方式属于不可拆卸连接方式。

（三）实施工作

焊接方式知识答辩

1）气体保护焊。

上图从左到右四个图分别是什么焊接方式：

1. _____ 2. _____ 3. _____ 4. _____

2）螺母的焊接。

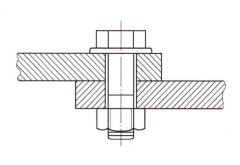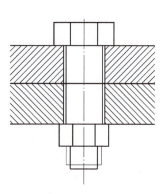

上图从左到右两个图分别是什么连接方式：
1. _____   2. _____
3）焊接方式辨识。

1. _____   2. _____

4）作业完成，6S管理。

任务练习

1. 判断题

1）车身上的金属构件连接在一起的方式分为可拆卸连接方式和不可拆卸连接方式。
（   ）
2）车身上常用的焊接方式主要包括压焊、熔焊与钎焊。（   ）
3）铆钉连接属于不可拆卸连接方式。（   ）

2. 单选题

1）下面（   ）车身连接方式属于不可拆卸连接方式。
   A. 冲压铆接   B. 铰链连接
   C. 螺纹连接   D. 自攻螺钉连接
2）下面（   ）车身连接方式属于可拆卸连接方式。
   A. 电阻点焊   B. 盲铆接
   C. 钎焊   D. 卡扣螺钉连接
3）在车身生产中应用最多的焊接方式是（   ）。
   A. 压焊   B. 熔焊
   C. 钎焊   D. 以上都是

3. 简答题

1）现代汽车安全系统可以分为主动安全技术和被动安全技术两大类型，主动安全技术有哪些？被动安全技术有哪些？
2）对于汽车车身轻量化的设计，主要优势有哪些？
3）现代车身上的金属构件连接在一起的方式分为可拆卸连接方式和不可拆卸连接方式两大类别，车身可拆卸连接方式有哪些？车身不可拆卸连接方式有哪些？

任务评价

评价指标			学生自评（30%）	小组互评（30%）	教师评价（40%）
素质评价（20%）	劳动态度（4分）				
	工作纪律（4分）				
	安全操作（4分）				
	环境保护（4分）				
	团队协作（4分）				
技能评价（80%）	工具使用（10分）				
	任务方案（10分）				
	实施步骤（40分）	教具的准备			
		工具设备准备到位			
		准备车辆			
		车身连接方式的判断			
		焊接的辨识			
		填写答题卡			
		6S管理			
	完成结果（10分）				
	作业完成（10分）				
本次得分					
最终得分					

教师签名：＿＿＿＿＿＿＿＿＿＿

日期：＿＿＿＿＿＿年＿＿＿月＿＿＿日

项目三　车身焊接作业标准

任务二
焊接的作业标准

任务目标

知识目标	1. 描述气体保护焊焊接的作业标准。
	2. 描述电阻点焊的作业标准。
能力目标	能够进行气体保护焊焊接、双面电阻点焊作业前的个人安全防护作业。

知识准备

一、气体保护焊焊接的作业标准

（一）焊接作业安全标志

根据国家标准规定，用于表示、表达特定的安全信息、意思的图形和符号叫作安全标志，在焊接作业中，操作人员必须按照安全标识来实施焊接，切记不可随意操作。

焊接作业安全标志见表3-1。

表3-1　焊接作业安全标志

安全标志	含　　义	安全标志	含　　义
 ⚠	注意：危险 （一般安全指示或一般的危险提示）	 ⚡	当心触电/高压危险
 🚫	有心脏病或其他相关疾病的工作人员禁止使用	 📡	注意电磁场

75

(续)

安全标志	含 义	安全标志	含 义
	禁止堆放易燃物		易燃材质提示
	禁止使用和佩戴磁性物品		按照操作手册指示操作
	禁止戴手表和其他金属物品		必须佩戴防护手套
	必须穿防护服		必须穿防护鞋
	当心夹手		当心灼伤

（二）惰性气体保护焊焊接作业安全防护

进行惰性气体保护焊焊接作业时，产生的焊接烟尘、焊接弧光以及锌蒸气都会对人体造成非常大的伤害，为了保证焊接作业人员的安全健康，实施焊接作业的工位必须配备焊烟抽排净化设备、专业的焊接平台和阻碍强光的焊接防护隔帘等，如图3-39所示。

焊接作业前，焊接作业人员必须穿帆布电焊服，工作服的材料不得含有合成纤维、尼龙和腈纶等成分，这不仅适用于工作服，

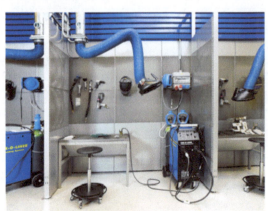

图 3-39　合理的焊接工位

也适用于焊工所穿的内衣和袜子。同时，为了焊接时规避焊接产生的强光和飞溅物，必须佩戴焊接防护面罩、焊接防护围裙及焊接防护手套等，如图 3-40 所示。

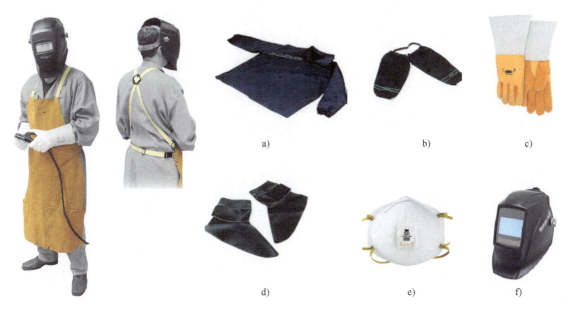

图 3-40　焊接作业个人安全防护

a）焊接防护服　b）焊接护臂　c）焊接防护手套　d）焊接护腿　e）焊接口罩　f）焊接防护面罩

对于客户的车辆，在进行实车焊接作业时，必须使用焊接防护毯遮蔽车辆内饰以及漆面，以免焊接时飞溅火花对顾客车辆造成二次损伤，如图 3-41 所示。对于周围维修车辆及维修人员，为了防止周围维修车辆及维修人员受到焊接强光和飞溅物的伤害，必须使用焊接防护隔帘将焊接区域隔绝起来。焊接防护隔帘如图 3-42 所示。

图 3-41　焊接防护毯

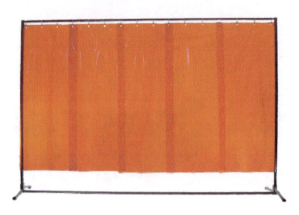

图 3-42 焊接防护隔帘

二、电阻点焊的作业标准

(一) 电阻点焊作业安全标识

在操作电阻点焊机时,操作人员必须按照安全标识来实施点焊,切记不可随意操作。

电阻点焊安全标识解析如下:

1) 电阻点焊机存在最大的危险是活动的电极和电极臂可能挤压到手或手指,所以在操作过程中,切勿将手放置到电极和电极臂之间。

2) 电阻点焊焊接会产生较大的热量同时传递到焊接的板件上,切勿在焊接后用手触摸板件,会有灼伤的危险。

3) 工作中,电阻点焊机焊接是低电压强电流流过夹紧在一起的两块板件产生电阻热,局部熔化并施加压力使之焊接在一起。由于焊接电流至少为 7000A,根据电生磁原理,在周围将产生较大的电磁场,操作人员都是处于焊钳位置,电磁强度高,由于此原因,佩戴心律调节器、减颤器或类似物品的人员不允许操作电阻点焊机。并且电阻点焊机产生较强的电磁场对铁磁体板材产生强大的吸力,可能损害手表、手机、磁卡和磁性数据载体,因此在操作前必须将手表、手机、磁卡和磁性数据载体远离焊接区。同时现在汽车都趋于高端智能化,为了防止电阻点焊机产生的磁场对汽车电子元件(中控、音响等)造成不必要的伤害,在操作电阻点焊机之前必须断开汽车蓄电池的负极。

(二) 电阻点焊作业安全规范

1) 焊接现场应设有防雨、防潮和防晒的机棚,并应装设相应的消防器材。

2) 焊接现场 10m 范围内不得堆放油类、木材、氧气瓶、乙炔发生器等易燃、易爆物品。

3) 焊接操作及配合人员必须按规定穿戴劳动防护用品,并必须采取防止触电、高空坠落、瓦斯中毒火灾等事故的安全措施。

4) 二次侧抽头连接铜板应压紧,接线柱应有垫圈。合闸前,应详细检查接线螺母、螺栓及其他部件,并确认完好齐全、无松动或损坏。接线柱处均有防护罩。

5) 使用前,应检查并确认接线正确,输入电压符合电焊机的铭牌规定,知道点焊机焊接电流的种类和适用范围。接通电源后,严禁接触一次电路的带电部分。初、次级接线处必须装有防护罩。

6）移动点焊机时应切断电源，不得用拖拉电缆的方法移动点焊机。当焊接中突然停电时，应立即切断电源。

（三）操作人员自身的安全防护

1）为了避免火花伤人，要穿前面没有口袋的防护衣并将袖口和领口扣紧，没有翻边的裤子、工作鞋，戴焊接手套。

2）在焊接时必须要戴防护眼镜，必要时请佩戴防护面罩，如图3-43所示。

3）要保持焊接区域有足够的通风条件，特别是焊接镀锌、铅、镉、金、银的工件，或焊接其他产生毒烟的金属时，更要保持良好的通风条件或者使用焊烟抽排净化设备进行焊烟净化。

4）在进行电阻点焊焊接作业时，焊接操作人员必须佩戴焊接防护手套，如图3-44所示。

5）电阻点焊机产生的电磁会对助听器和心脏起搏器造成损害，如果戴有助听器或心脏起搏器，请不要操作或靠近电阻点焊机，如图3-45所示。

图3-43　防护面罩

图3-44　焊接操作人员必须佩戴焊接防护手套

图3-45　禁止佩戴心脏起搏器者靠近电阻点焊机

6）电阻点焊机操作时将产生电磁场。请在进行操作前将手表、手机和磁卡移到至少0.6m以外的地方。

任务实施

（一）作业准备

1. 设备器材

气体保护焊机、双面电阻点焊机、焊烟抽排净化设备。

2. 场地设施

焊接实操实训室。

3. 防护用品

工作服、工作鞋、防护面罩、焊接防护手套、焊接皮围裙、焊接护臂、焊接护腿、焊接防护面罩、焊接口罩等。

（二）工作计划

每四位同学一组，进行气体保护焊接、双面电阻点焊作业前的个人安全防护作业。

（三）实施工作

电阻点焊作业标准流程如下：

1）准备工作。

2）安全防护。焊接前迅速有序地穿戴防护用品，包括工作服、_____、_____、_____。检查清点提供的各种使用工具是否完好、整齐。如有缺少工具的情况立即报告老师。

3）材料准备。确定设备工具完好后，对钢板进行_____和_____。采用立焊姿势分别对板厚 0.8mm 和 1.0mm 的板料进行点焊。

4）焊接作业。

① 在长度线和宽度线的交叉点上进行四次点焊，每个点焊之间的距离是_____，点焊前先对焊接时间、焊接电流和_____进行调整。

② 调节气压调节器，使气压表的数值为_____左右。

③ 焊接前将焊件接触至焊炬的固定焊臂上，并与焊接面成_____，然后按下扳机，进行焊接。

5）作业完成，关闭设备，6S 管理。

6）报告老师。

任务练习

1. 判断题

1）在气体保护焊焊接作业时，操作人员可以佩戴防护手套作业。（   ）

2）进行惰性气体保护焊焊接作业时，产生的烟尘可以使用排风机抽除。（   ）

3）进行电阻点焊焊接作业前，操作人员应该佩戴防护面罩保护脸部不受火花伤害。

（   ）

4）进行电阻点焊作业时，由于强电流对电子设备和磁卡会造成较大的影响，操作人员应该将身上的电子设备和磁卡远离操作区域。（   ）

2. 单选题

1）在进行气体保护焊焊接作业之前，操作人员必须佩戴的安全防护用具有（   ）。

    A. 焊接防护面罩　　　　　　　　B. 防护眼镜

    C. 防护手套　　　　　　　　　　D. 防尘口罩

2）在实车上进行气体保护焊焊接时，不会使用到的车辆及环境安全防护用具有（　　）。
　　A. 焊接防护手套　　　　　　　　B. 焊接防护毯
　　C. 焊接防护隔帘　　　　　　　　D. 灭火毯

3）在电阻点焊作业前，操作人员应该把手机、手表等电子仪器放置到距离电阻点焊机至少（　　）外的地方。
　　A. 0.2m　　　　　　　　　　　　B. 0.4m
　　C. 0.5m　　　　　　　　　　　　D. 0.6m

3. 简答题

1）进行气体保护焊焊接作业前，必须佩戴的个人安全防护用具有哪些？
2）进行气体保护焊焊接作业前，对于客户车辆及他人的安全防护用具有哪些？
3）进行电阻点焊作业前，必须佩戴的个人安全防护用具有哪些？
4）电阻点焊作业的安全作业规范有哪些？

任务评价

评价指标			学生自评（30%）	小组互评（30%）	教师评价（40%）
素质评价（20%）	劳动态度（4分）				
	工作纪律（4分）				
	安全操作（4分）				
	环境保护（4分）				
	团队协作（4分）				
技能评价（80%）	工具使用（10分）				
	任务方案（10分）				
	实施步骤（40分）	准备工作			
		安全防护			
		材料准备			
		焊接作业			
		设备调整			
		6S管理			
	完成结果（10分）				
	作业完成（10分）				
本次得分					
最终得分					

教师签名：_____

日期：_____年____月____日

项目四　车身焊接作业

对于现在汽车轻量化的新趋势，铝合金车身随之诞生，对于铝合金车身的接合，惰性气体保护焊焊接应用较多。

在车身制造中，电阻点焊是一种快速进行板材连接的工艺方法，电阻点焊在车身制造中应用非常广泛，在轿车车身上电阻点焊占据75%。在修理大量采用高强度钢和超高强度钢的车身时，要求采用电阻点焊机进行焊接修理。这种焊接方式如制造厂进行焊接那样进行点焊连接。

汽车焊接工艺

任务一
气体保护焊焊接作业

任务目标

知识目标	1. 描述气体保护焊焊接的优势。
	2. 描述气体保护焊焊接的工作原理。
	3. 说出气体保护焊机的结构及面板操作。
	4. 列举出气体保护焊焊接的基本要点。
能力目标	1. 完成气体保护焊机焊接前的基本调整。
	2. 能进行气体保护焊焊接的基本操作。
	3. 能够知道自己焊接效果的好坏,并完成对焊接缺陷的分析。

知识准备

汽车车身接合以焊接应用最为广泛,尤其是焊接可以获得与母材相接近的强度,而且连续焊接不仅具有良好的水密性、气密性,还有比其他任何连接方式都可靠的接合强度。相对于铆接工艺,焊接工艺可以减轻车身的重量,且工艺简单,成本较低。图4-1所示为汽车车身接合工艺示意图。

一、气体保护焊焊接的优势

在现代汽车车身外部覆盖件或者车身结构

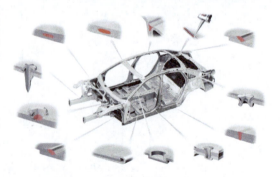

图4-1 汽车车身接合工艺示意图

件的修理中都会使用到焊接,在早期汽车修理中,大多数采用的都是常规的焊条电弧焊或氧乙炔焊进行焊接作业,现代汽车车身构件都广泛采用高强度钢进行制作,特别是整体式车身使用高强度钢的比例甚高,传统的焊接已经不能适应现代汽车的修理要求,现在都采用气体保护焊焊接进行车身修理,惰性气体保护焊有许多优点,不管是在高强度钢构件及整体式车身的修理中,还是在车身外部覆盖件的修理中,都可以使用气体保护焊。

气体保护焊有下列优点：

1）操作方法容易掌握。操作者只需受到几个小时的指导并经过练习，就可学会并熟练掌握气体保护焊设备的使用方法。与高级电焊工采用传统的焊条电弧焊相比，普通的气体保护焊焊工都可以做到焊接的质量更高、速度更快、性能更稳定。

2）气体保护焊可使焊接板件 100% 地熔化。因此，经气体保护焊焊接过的部位可修平或研磨到与板件表面同样的高度（为了美观），而不会降低强度。

3）在薄的金属上焊接时，可以使用弱电流，防止热量对邻近部位的损害，避免了可能发生的强度降低和变形。

4）电弧平稳，熔池小，便于控制。确保熔敷金属最多，溅出物最少。

5）气体保护焊焊接更适合焊接有缝隙和不吻合的地方。对于若干处缝隙，可迅速地在每个缝隙上点焊，不需要清除熔渣，焊后可以很方便地将这些部位重新上漆。

6）一般车身钢板都可以用一根通用型的焊丝来焊接。

7）车身上不同厚度的金属可用相同直径的焊丝来焊接。

8）气体保护焊机可以方便地控制焊接的温度和焊接的时间。

9）采用气体保护焊焊接，对需要焊接的小区域的加热时间较短，因而减少了板件的疲劳和变形。因为金属熔化的时间极短，所以能够轻松进行立焊和仰焊操作。

二、气体保护焊焊接的工作原理

气体保护焊焊接使用一根焊丝，焊丝以一定的速度自动进给，在板件和焊丝之间出现电弧，电弧产生的热量使焊丝和板件熔化，将板件熔合连接在一起。气体保护焊作业原理图如图 4-2 所示。

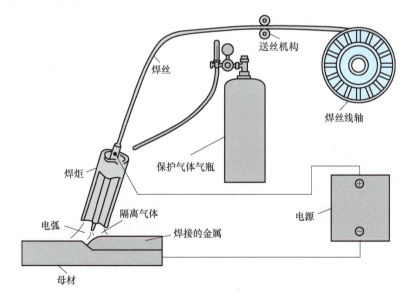

气体保护焊焊接工作原理

图 4-2　气体保护焊作业原理图

在进行钢材质板件焊接过程中，保护气体对焊接部位进行保护，以免熔融的板件受到空气的氧化。钢材都用二氧化碳或二氧化碳和氩气的混合气作为保护气体。二氧化碳和氩气这种混合气的体积比为 75%∶25%，这种混合气体通常称为 C-25 气体。采用二氧化碳气体保护可使焊接熔深加大。但是，二氧化碳使电弧变得比较粗糙且不够稳定，焊接时的溅出物增多。所以，在较薄的材料上进行焊接时，最好使用氩气和二氧化碳混合气。

气体保护焊焊接的工作过程如下：

1）焊丝在焊接部位经过瞬间短路、回烧并产生电弧，产生电弧的过程如图 4-3 所示。

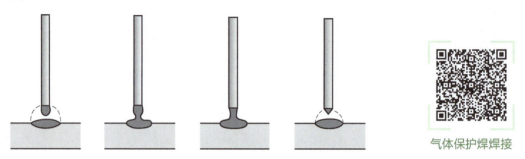

图 4-3 气体保护焊焊丝回烧过程图

2）每一次工作循环中都产生一次短路电弧，并从焊丝的端部将微小的一滴液滴转移到熔化的焊接部位。

3）在焊丝周围有一层气体保护层，它可防止大气的污染并稳定电弧。

4）连续进给的焊丝与板件相接触而形成短路，电阻使焊丝和焊接部位受热。

5）随着加热的继续进行，焊丝开始熔化、变细并产生收缩。

6）收缩部位电阻的增加将加速该处的受热。

7）熔化的收缩部位烧毁，在工件上形成一个熔池并产生电弧。

8）电弧使熔池变平并回烧焊丝。

9）当电弧间隙达到最大值时，焊丝开始冷却并重新送丝，更接近工件。

10）焊丝的端部又开始升温，其温度足以使熔池变平，但还不能阻止焊丝重新接触工件。因此，电弧熄灭，再次形成短路，上述过程又重新开始。

三、气体保护焊机

在我国汽车维修作业中使用的气体保护焊机都是半自动焊机，如图 4-4 所示，焊机的焊丝送给和保护气体的输送都是自动进行的，而沿焊缝的施焊是手工操作的。在汽车后市场维修领域使用的气体保护焊机可以使用直径为 0.6~1.2mm 的焊丝，对厚度为 0.8~4mm 的低碳钢和低合金钢及不锈钢进行空间全位置的焊接，焊接采用拉丝式送丝，焊接电流可调节范围为 20~200A，空载电压为 14~30V。气体保护焊机主要由电源控制箱、焊炬、送丝系统及供气系统组成。气体保护焊机的结构如图 4-5 所示。

（一）电源控制箱

气体保护焊机电源控制箱主要由三相降压变压器、硅整流器、电感器及控制部分组成，承担着提供引弧电流的任务。

项目四 车身焊接作业

图 4-4 气体保护焊机

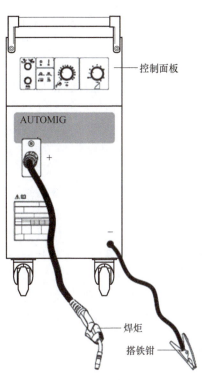

图 4-5 气体保护焊机的结构

（二）焊机控制面板

操作人员可以通过控制面板进行电压、电流和送丝速度调节，同时可进行点焊和连续点焊操作模式的调节。气体保护焊机的控制面板如图 4-6 所示。

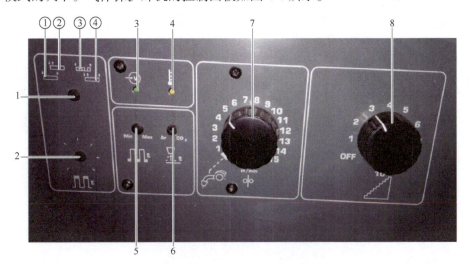

图 4-6 气体保护焊机的控制面板

控制面板解析如下：
1——焊接模式切换旋钮：

87

① 2 步模式图标：按下焊炬扳机开始焊接，直到放开扳机焊接才停止。

② 点焊图标：切换旋钮指到点焊图标。按下焊炬扳机，焊接开始。依在 2 号旋钮上设置的时间，焊接自动停止（在 0.15~2.5s 设置）。

③ 连续点焊图标：切换旋钮指到连续点焊图标。按下焊炬扳机，焊接开始。依在 2 号旋钮上设置的时间，焊接自动停止。5 号键上设置中断时间，在这段时间后，焊接又自动开始。这个循环会一直进行，直到焊炬扳机松开才会停止焊接。

④ 4 步模式图标：按下焊炬扳机则开始焊接，然后松开扳机，焊接会一直进行，直到再次按下扳机。

2——点焊时间：当切换旋钮指到点焊或连续点焊时，用该旋钮可以在 0.15~2.5s 间设置焊接时间。

3——开机指示：气体保护焊机在开启后该指示灯变亮。

4——过热报警：变压器过热导致焊机自动停止，该指示灯变亮。变压器温度降到正常水平，指示灯熄灭，便可继续焊接。

5——停止时间：当切换旋钮 1 指到连续点焊时，可用此键设置停止时间。

6——回烧时间：可在 0.05~0.5s 间设置回烧时间。

7——送丝速度控制旋钮。

8——电压调节旋钮。

（三）送丝系统

送丝系统就是将焊丝按焊接电压、电流及操作人员动作速度等要求送至焊接板件上，并对送丝速度进行控制。焊机送丝系统如图 4-7 所示。

图 4-7　焊机送丝系统

（四）焊炬

气体保护焊机多是采用拉丝式焊炬，其主要零部件有导电嘴、喷嘴和焊炬控制开关扳机等，如图 4-8 所示。导电嘴的作用是将电流送给焊丝产生短路电弧，向电弧和熔池送气时用喷嘴对气体加以保护，不使气体扩散。

项目四　车身焊接作业

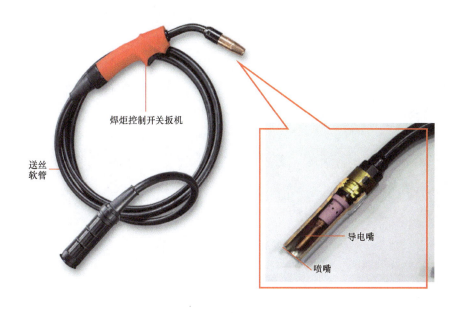

焊炬结构

图 4-8　焊炬

1. 送丝软管

气体保护焊机的送丝软管多为绝缘层送丝软管，用包有一层可防止漏气的塑料外皮制成，用于焊丝的输送。焊炬长时间使用，各种粉尘会随焊丝进入焊炬的送丝软管内，造成送丝阻力变大不能正常焊接，定期取出送丝软管用干燥压缩空气吹管芯，吹的时候要先抖动送丝软管使粉尘松动。送丝软管如图 4-9 所示。

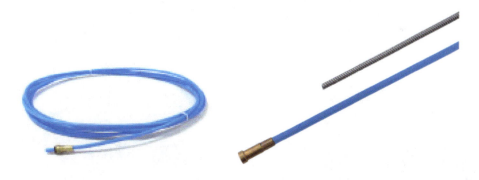

图 4-9　送丝软管

2. 喷嘴

喷嘴是焊炬上重要的零部件之一，其作用是向焊接区域输送保护气体，以防止焊丝端头、电弧以及熔池与空气接触，喷嘴形状各异，有的为圆柱形，有的为圆锥形。喷嘴的内孔直径与电流的大小有关，通常为 12~24mm，如图 4-10 所示。

图 4-10　喷嘴

89

3. 导电嘴

导电嘴在气体保护焊中，用于引导焊丝瞄准焊接位置，使焊丝指向精准，也可以确保导电嘴前端与焊丝通电。在焊接作业前，必须确保导电嘴的孔径与焊丝的直径一致，导电嘴属于消耗品，使用一定的时间后导电嘴孔很容易拉大、磨损，若继续使用，焊接电流会不稳，要及时更换。导电嘴如图4-11所示。

图4-11 导电嘴

（五）供气系统

供气系统就是将保护气体送到焊炬，使其有效地保护焊接熔池，隔离空气并作为电弧的介质。气体保护焊机供气系统装置主要是由气瓶和保护气体流量调节器等组成的，如图4-12所示。对于二氧化碳气体保护焊机，保护气体流量调节器带有预热及干燥功能，二氧化碳气体保护焊机保护气体流量调节器如图4-13所示。

 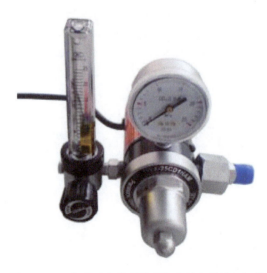

图4-12 焊机供气系统　　图4-13 二氧化碳气体保护焊机保护气体流量调节器

在钢材质车身板件焊接过程中，气体对焊接的部位进行保护，以免熔融的金属受到空气的氧化，一般用二氧化碳或者二氧化碳和氩气的混合气作为保护气体。

（六）焊丝

在进行钢材质车身焊接时，使用的焊丝直径多为0.8mm，材质为SG2

或 SG2 TIVB（大众车厂特别要求）。直径很细的焊丝可以在弱电流、低电压条件下使用，这就使进入板件的热量大为减少。焊丝如图 4-14 所示。

图 4-14　焊丝

四、气体保护焊机使用前准备

在使用气体保护焊机之前，要进行焊丝卷安装、送丝机构的调整与机器设备的调整，具体可按照以下方法进行：

（一）安装焊丝

1）先将成卷的焊丝放置在焊丝的安装轴上，注意将焊丝卷的定位孔对准焊机安装轴上的定位销，并保证焊丝逆时针进给，如图 4-15 所示。用焊丝卷挡块固定住焊丝卷。

2）松开送丝轮（驱动轮）上的张紧螺钉，根据焊钉直径调整好送丝轮轮槽的位置，注意调节焊丝送丝轮的压力。

3）根据焊丝的直径更换对应的导电嘴。

4）拧开压紧手柄，抬起压臂（压丝轮）。

5）将焊丝拉出，从导丝管穿入，并与送丝轮轮槽啮合，再穿入导向嘴，焊丝送进约 300mm，确保焊丝能够顺利地通过焊炬。焊丝进给如图 4-16 所示。

6）压下压臂，拧动压紧手柄，适当调整送丝轮的压力，使焊丝得到足够大的推力，能够离开焊丝盘并且穿过送丝管及焊炬，调节送丝轮的压力，当焊丝在喷嘴受阻不能进给时，焊丝可以在送丝轮上打滑。但送丝轮的压力不能太大，如果压力过大焊丝会变形，在送丝管内产生螺旋效应，会导致送丝不稳定。

（二）气瓶安装

保护气体气瓶在安装前先将阀门打开，吹掉气瓶接口处的灰尘和垃圾，打开后快速将其关紧，避免气体流失以及注意瓶口高压。保护气体气瓶内部装有高压气体，在搬动时注意不要碰撞气瓶。再将保护气体流量调节器连接在气瓶接口处，然后使用气管将焊机与气体流量传感器连接起来。装上焊机之后，可以使用链条或者安全带将气瓶固定在焊机底座上，使气瓶和气体保护焊机连接在一起，方便移动进行焊接操作。也可以将气瓶放置在墙壁和柱子等处。调节气体流量时，一定要遵循安全操作守则，先打开高压气阀，再调节减压气阀。

图 4-15　安装焊丝卷　　　　　　图 4-16　焊丝进给

（三）搭铁摆放

搭铁是使焊机在工作时电流能够形成一个回路，所以搭铁应该放置在车身金属焊接部位附近的清洁表面上，然后再回到焊机的一个焊接回路。安装搭铁部位应该先对板面上的油锈等影响导电的污物进行清除，然后再将搭铁线装上。

五、气体保护焊机焊接参数的调整

修理人员在焊接时，需要对下列参数进行调整（有些参数的数值是可调的）：焊机输入电压、焊接电流、电弧电压、导电嘴与板件之间的距离、焊炬角、焊接方向、保护气体的流量、焊接速度和送丝速度。

（一）焊接电弧电压调整

电弧电压作为参数调整的一个重要指标，通常需要根据钣金件的厚度及焊接位置进行设定，高质量的焊接有赖于适当的电弧长度，而电弧长度是由电弧电压决定的。

1）电弧电压过高时，电弧的长度增大，焊接熔深减小，焊缝呈扁平状，如图 4-17 所示。

2）电弧电压过低时，电弧的长度减小，焊接熔深增加，焊缝呈狭窄的圆拱状，如图 4-18 所示。

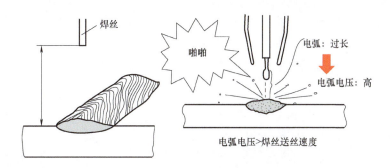

图 4-17 电弧电压过高

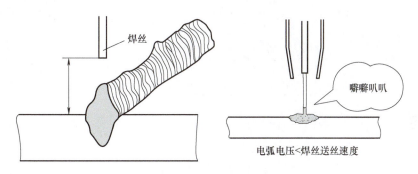

图 4-18 电弧电压过低

当电弧电压较大时，焊接飞溅物增多，喷嘴、导电嘴容易烧蚀；当电弧电压过低时，则会出现"噼噼啪啪"的响声或者引弧困难。只有在电弧电压调整到适当的数值时，焊接部位将发出持续、平缓的"咝咝"声音，如图4-19示。一般在短路过渡焊接时，电弧电压在16~25V范围内；在粗滴过渡焊接时（焊丝的直径为1.2mm或者1.6mm），电弧电压在25~44V范围内。

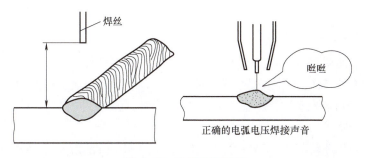

图 4-19 电弧电压正常

焊接电弧电压对焊接质量的影响

（二）焊接电流调整

目前，市场上气体保护焊机的种类较多，有的具有单独的电流调节旋钮，有的是将电流调节和送丝速度调节功能结合在一起，焊接电流的大小会影响板件的焊接熔深、焊丝熔化的速度、电弧的稳定性、焊接溅出物的数量。随着电流强度的增加，焊接熔深、剩余金属的高度和焊缝的宽度也会增大，如图4-20所示。焊接的时候应该根据焊接的板件厚度、施焊的位置、焊丝直径、熔滴过渡形式等要求来选择，采用较细焊丝（0.8~1.6mm）短路过渡焊接时，焊接电流为50~230A，粗滴过渡焊接时，焊接电流为250~500A。表4-1所示为焊接电流参数调整表。

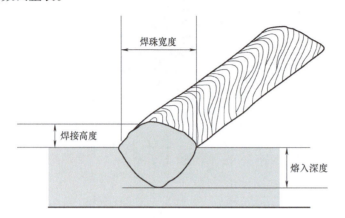

图4-20 焊接参数

惰性气体保护焊焊接参数的调整——焊接电流

表4-1 焊接电流参数调整表　　　　　　　　　　　　（单位：A）

焊丝直径 /mm	金属板厚 /mm						
	0.6	0.8	1.0	1.2	1.4	1.6	1.8
0.6	20~30	30~40	40~50				
0.8			40~50	50~60	60~90		
1.0					60~90	100~120	120~150

（三）导电嘴与焊件表面的距离与调整（焊丝的伸出长度）

导电嘴到板件的距离是高质量焊接的一项重要因素，导电嘴与焊件表面的标准距离为8~15mm，如果导电嘴到板件的距离过大，从焊炬端部伸出的焊丝长度增加而产生预热，就加快了焊丝熔化的速度，保护气体所起的作用也会减小。如果导电嘴到板件的距离过小，将难以进行焊接，并会烧毁导电嘴。

焊丝的伸出长度取决于焊丝的直径，一般约等于焊丝直径的8~10倍。图4-21所示为导电嘴到工件的距离。

（四）焊接角度的调整

按照焊接时焊炬与板件之间的角度，气体保护焊焊接方法分为正向焊接和逆向焊接两种，如图4-22所示。正向焊接的熔深较小且焊缝较平；逆向焊接的熔深较大，并会产生大量的熔敷金属。采用上述两种方法时，焊炬角度都应在10°~30°范围内，如图4-23所示。

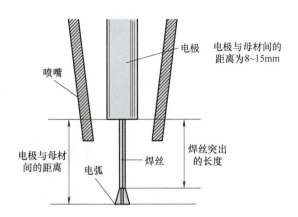

焊接标准距离

图 4-21　导电嘴到工件的距离

图 4-22　正向焊接和逆向焊接

a）正向焊接　b）逆向焊接

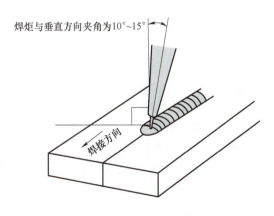

焊接方向及角度

图 4-23　焊接角度

（五）焊接方向的调整

当进行焊接操作时，焊接方向有以下两种：

1）前进法（推焊），即焊炬向移动的反方向倾斜，使用前进法的熔入深度较浅且焊珠较高，如图 4-24 所示。

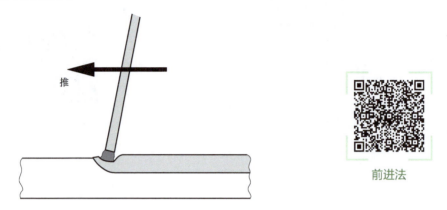

图 4-24　前进法（推焊）

2）后退法（拉焊），即焊炬向移动的方向倾斜，使用后退法则有较深的熔入深度且焊珠较平，如图 4-25 所示。

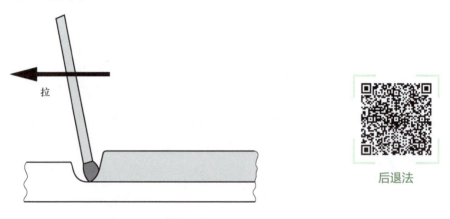

图 4-25　后退法（拉焊）

（六）保护气体流量调整

严格控制保护气体的流量是优质焊接的基础，如果气体流量太大，将会形成涡流而降低保护层的效果。如果流出的气体太少，保护层的效果也会降低，如图 4-26 所示。应根据喷嘴和板件之间的距离、焊接电流、焊接速度以及焊接环境（焊接部位附近的空气流动）来调整保护气体的流量。

保护气体流量对焊接质量影响

目前使用的标准流量为焊丝直径 ×10L/min 左右。对于小于 350A 的焊机，气体流量约为 15~20L/min；对于大于 350A 的焊机，气体流量约为 20~25L/min。

项目四　车身焊接作业

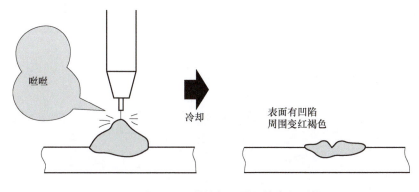

图 4-26　保护气不足和熔合部形状

保护气体流量调整

（七）焊接速度控制

焊接速度应该根据焊缝类型、钣金件厚度和焊接电压等因素做出相应的调整，如果焊炬的移动速度较快，焊接熔深和焊缝的宽度都会减小，当焊炬移动速度进一步加快时，将会出现咬边现象，如果运行速度较慢，则焊缝的跨度会相应增加，钣金件会由于热量的聚集产生变形，从而破坏母材的性能，想要得到良好的焊缝，需要将焊炬沿着焊缝平稳地移动。移动太快或者偏离焊接接缝都会使焊接区金属不能很好熔化，会形成外表难看、强度不牢的焊缝。此外，焊接的姿势和抓握焊炬的姿势一定要稳，否则会影响焊接的质量。

一般来说，焊接速度由母材的厚度和焊接电压两种因素决定。表 4-2 给出了不同厚度的板件焊接时的焊接速度，通常焊接钢板越厚，焊接速度越慢。

表 4-2　不同厚度的板件焊接时的焊接速度

板件厚度 /mm	焊接速度 /（cm/min）
0.8	105~115
1.0	100
1.2	90~100
1.6	80~85

（八）电源极性

气体保护焊机一般都采用直流反极性接法，采用直流反极性接法可以保证电弧稳定，焊接过程平稳，飞溅小。在需要提高焊接的熔敷效率及降低工件的受热时多采用直流正极性接法，采用直流正极性接法一般熔深较浅，余高较大，飞溅很大，成形不好，焊丝熔化速度快（约为反极性接法的 1.6 倍），只在堆焊时才采用。图 4-27 所示为直流反极性接法与直流正极性接法。

焊接速度与母材厚度的关系

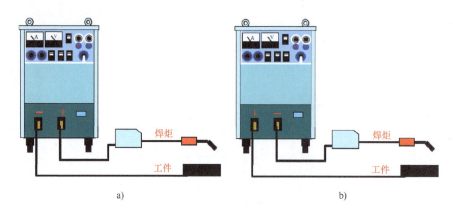

图 4-27 直流反极性接法与直流正极性接法
a）直流反极性接法　b）直流正极性接法

（九）送丝速度

1）如果送丝速度太慢，随着焊丝在熔池内熔化并熔敷在焊接部位，可听到"嘶嘶"声或"啪嗒"声。此时产生的视觉信号为反光的亮度增强。当送丝速度较慢时，所形成的焊接接头较平坦。

2）如果送丝速度太快将堵塞电弧，这时，焊丝不能充分熔化。焊丝将熔化成许多金属熔滴并从焊接部位飞走时，产生大量飞溅。这时产生的视觉信号为频闪弧光。

惰性气体保护焊
焊接参数的调
整——送丝速度

在仰焊时，过大的熔池产生的金属熔滴可能会落入导电嘴或进入气体喷嘴，导致喷嘴或导电嘴烧损。仰焊操作时，要采用较快的送丝速度、较短的电弧和较小的金属熔滴，并使电弧和金属熔滴互相接近。将气体喷嘴推向工件，以确保焊丝不会向熔池外移动。如果焊丝向熔池外移动，熔化的焊丝将会产生金属熔滴，直到形成新的熔池来吸收这些熔滴。

一般在焊接中会在气体喷嘴的附近产生氧化物熔渣。必须将它们仔细地清除掉，以免落入喷嘴内部并形成短路。当送丝速度太慢时，还必须清除掉因送丝太慢而形成的金属微粒，以免短路。

各种参数与焊接质量的影响是综合性的，表 4-3 显示了各种参数对焊接的影响和调整的结果。

表 4-3　各种参数对焊接的影响和调整的结果

调整的参数	调整后对焊接的影响							
	焊接熔深		熔敷速度		焊缝大小		焊缝宽度	
	增大	减小	增大	减小	增大	减小	增大	减小
电流和送丝速度	增大	减小	增大	减小	增大	减小	无影响	无影响
电压	影响小	影响小	无影响	无影响	无影响	无影响	增大	减小
运行速度	影响小	影响小	无影响	无影响	减小	增大	增大	减小

(续)

调整的参数	调整后对焊接的影响							
	焊接熔深		熔敷速度		焊缝大小		焊缝宽度	
	增大	减小	增大	减小	增大	减小	增大	减小
焊丝伸出长度	减小	增大	增大	减小	增大	减小	减小	增大
焊丝直径	减小	增大	减小	增大	无影响	无影响	无影响	无影响
二氧化碳含量	增大	减小	无影响	无影响	无影响	无影响	增大	减小
焊炬角度	后退	前进	无影响	无影响	无影响	无影响	后退	前进

（十）焊炬喷嘴的调整

焊机的焊炬有两个主要功能：一是提供合适的气体保护；二是给工作部位加压，以防止焊丝移出熔池。

如果绝缘有问题（如喷嘴落入熔滴），应流入焊丝的电流便转移到了气体喷嘴上，引起焊丝的燃烧和飞溅，会将喷嘴烧掉。在脏的或生锈的金属上进行焊接时，会对喷嘴产生严重冲击，应先进行清洁，再进行正常的焊接。在锈蚀的表面进行焊接时，应将送丝速度减慢。

在惰性气体保护焊机的几个主要组成部分中，喷嘴最为关键，其次是送丝机构，受到堵塞或损坏的管道将造成送丝速度不稳定，并产生许多金属熔滴，造成气体喷嘴的短路。

1. 距离调整

调整导电嘴到喷嘴的距离大约为3mm，焊丝伸出喷嘴大约为5~8mm，如图4-28所示。在焊接前应该先将导电嘴到喷嘴的距离、焊丝伸出导电嘴的长度全部调整到符合要求，焊接时，将焊炬的导电嘴放在靠近工件的地方，焊炬开关接通以后，焊丝开始送进，同时保护气体也开始流出。焊丝的端部和板件相接触并产生电弧。如果导电嘴和板件之间的距离稍有缩短，将比较容易产生电弧。如果焊丝的端部形成了一个大的圆球，将难以产生电弧，所以应立即用偏嘴钳剪除焊丝端部的圆球，如图4-29所示。在剪断焊丝端部的圆球时，不可将导电嘴指向操作人员的面部。

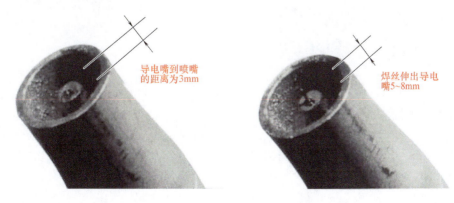

图4-28 喷嘴和导电嘴的调节

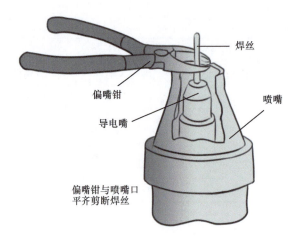

剪去过长焊丝

图 4-29 剪去过长焊丝

2. 喷嘴溅出物的处理

如果溅出物黏附于喷嘴的端部，将使保护气体不能顺利流出而影响焊接质量，应迅速清除焊接溅出物。可以使用防溅剂来减少黏附于喷嘴端部的溅出物。导电嘴上的焊接溅出物还会阻碍焊丝进给，接通送丝开关后，若焊丝无法顺利地通过导电嘴，焊丝就会在焊机内扭曲。用一个合适的工具（如锉刀）清除掉导电嘴上的溅出物，然后检查焊丝是否能够平稳地流出，如果还是不能顺利进行送丝，应该检查焊机内的焊丝及送丝机构的工作情况。

3. 导电嘴和喷嘴的检查

为了得到平稳的气流和电弧，应适当拧紧导电嘴，不能使导电嘴处于松动的状态。导电嘴为消耗品，使用一定的时间后导电嘴孔容易拉大、磨损，为了确保焊接时产生稳定的电弧，要及时更换。喷嘴同样为消耗品，焊接过程中易黏附飞溅物，需要用轻微摩擦工具清理焊嘴和喷嘴间的飞溅物，可使用防溅剂来减少黏附于喷嘴端部的溅出物，如图 4-30 所示。

图 4-30 导电嘴和喷嘴的检查

六、气体保护焊焊接操作要领

（一）引弧

由于弧焊电源的空载电压低，又是光焊丝，在引弧时，电弧稳定燃烧点不容易建立，引弧变得比较困难，往往造成焊丝成段爆断，因此在引弧前应该把焊丝的伸出长度调整好，选好适当的引弧位置，起弧后要灵活掌握焊接的运行速度，以免引起焊缝起始端出现熔化不良和焊缝处堆得过高的现象。

（二）熄弧

熄弧时应该在弧坑处稍作滞留，然后慢慢地抬起焊炬，直到填满弧坑为止，同时可使熔池金属在未凝固前一直受到气体的保护，倘若收弧过快，容易在弧坑处产生裂纹和气孔。

（三）焊接位置

在车身修理时，焊接位置通常由汽车上需要进行焊接部件的位置决定，即焊缝接缝处所处的空间位置称为焊接位置，焊接位置有平焊、横焊、立焊和仰焊四种，如图 4-31 所示。焊接参数的调整也会受到焊接位置的影响。

惰性气体保护焊的焊接位置

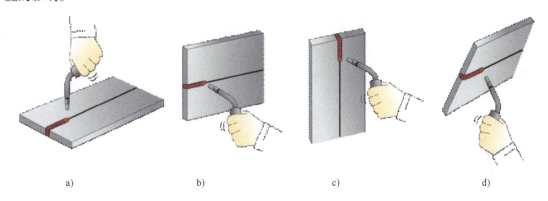

图 4-31 焊接位置
a）平焊 b）横焊 c）立焊 d）仰焊

1. 平焊

平焊就是待焊表面处于近似水平，从接头上面进行的焊接，平焊一般容易进行，而且它的焊接速度较快，能够得到最好的焊接熔深。对从汽车上拆卸下的零部件进行焊接时，尽量将它放在能够进行平焊的位置。

2. 横焊

横焊就是在待焊表面处于近似垂直、焊缝轴线基本水平的位置进行焊接，横焊较为特殊，水平焊缝进行焊接时，应使焊炬向上倾斜，横焊主要的缺点是容易产生焊瘤和咬边，对于稍微厚点的钣金件，需要采用合适的焊丝保障焊接的质量。

3. 立焊

立焊就是沿着接头从上而下或者由下至上进行的焊接，立焊时，熔池金属熔滴因重力作用具有下坠的趋势，和焊件分开，容易产生焊瘤，所以使用的焊接电流不宜过大，应该略低于平焊电流，在焊接垂直焊缝时，最好让电弧从接头的顶部开始，平稳地向下拉。

4. 仰焊

仰焊就是待焊表面处于水平下方的焊接，仰焊是最难进行的焊接方式，仰焊容易造成熔池过大的危险，而且一些熔融金属会落入喷嘴而引起故障。在进行仰焊时，一定要使用较低的电压，同时还要尽量使用短电弧和小的焊接熔池。将喷嘴推向工件，以保证焊丝不会向熔池外移动。最好能够沿着焊缝均匀地拉动焊炬。

在实际的车身焊接操作中，尽量要采用平焊或横焊的方式来操作，以达到最好的焊接效果。有时不能进行这两种焊接操作的，只要把焊接部件转换一个角度就可以进行了。

七、气体保护焊焊接操作

气体保护焊的焊接质量是由焊接过程的稳定性决定的,焊接过程的稳定性,除了正确调节气体保护焊机的焊接参数外,更主要的是取决于操作人员实际操作的技术水平,正确的操作方法是决定获得良好焊接质量的基础,气体保护焊焊接的操作方法如下:

(一)焊炬的操作要求

在焊接过程中,焊炬握持的姿势一定要正确,正确的焊接姿势对焊接质量起到了较为重要的作用,起焊时,由于待焊接板件的温度较低,焊炬与板件之间的倾角可稍大一点,随着焊接的进行,焊炬与板件应该保持合适的相对位置,控制好焊炬与板件间的倾角和喷嘴的高度,当焊炬的倾角小于10°时,不论是前倾还是后倾,对焊接过程及焊缝成形都较为有利。但是如果倾角过大,熔宽就会增加,并且熔深减小,同时飞溅明显增加。

(二)焊接的各种基本操作技术

在进行气体保护焊焊接过程中,正确的引弧、熄弧和接头等基本操作技术关键是持焊炬姿势。焊接过程中要根据熔池情况正确移动焊炬,保持弧长不变。

引弧是实施焊接作业的基本动作,正确的引弧对后续的焊接起到了非常重要的作用,引弧前应先检查焊丝的伸出长度,点动焊炬上的控制开关扳机,让焊炬先送出一段焊丝,保护气体也会随之喷出。引弧时焊丝端部与板件的距离为2~4mm,对焊丝伸出的超长部分,或是焊丝端部有球头现象必须剪去,使焊丝的伸出长度达到与喷嘴与板件应保持的距离,否则会影响引弧。然后将焊炬保持在合适的倾角和喷嘴高度处进行引弧,按动焊炬上的控制开关扳机,气体保护焊机将自动提前送气,延时接通电源,保持高电压、慢送丝,当焊丝碰撞到板件短路后,自动引燃电弧。

引燃电弧后,整个焊接过程要保持焊炬合适的倾角和喷嘴高度,并沿着焊接方向尽可能均匀地移动。

在焊接过程中,尽可能采用短弧焊接,并且使焊丝的伸出长度变化最小,焊接时对板件、焊丝的熔化情况及焊缝的连续性要注意观察,焊丝不能偏离焊缝,对于较长的焊缝应该先进行定位焊,定位焊的点距一般为20~30mm,定位焊后如果板件发生变形,必须经过校正后才能继续焊接,对接焊缝的焊接中断以后再引燃电弧焊接,必须在中断处做重叠焊接,一般重叠5~10mm,也就是在上一段焊缝的末端前面5~10mm处引燃电弧,引燃电弧后迅速拉至下一段焊缝的起点,然后按照正确的焊接方式进行焊接,焊接时应该注意焊缝的熔深要适当,因为熔深不足会造成焊缝强度不良,反之,熔深过大则容易将板件烧穿,并给打磨造成较大的困难。

焊接结束后,倘若熄弧不当就会产生弧坑,并出现弧坑裂纹和气孔等缺陷,熄弧时,应该在熄弧处焊炬停止前进,并在熔池未凝固时反复断弧、引弧几次,直至弧坑填满为止,操作动作一定要快,如果熔池已凝固才引弧,则可能产生未熔合及气孔等缺陷。

(三)定位焊操作

定位焊实际上是一种临时点焊,就是在进行永久性焊接前,用很小的临时点焊来取代定位装置或薄板金属螺钉,对需要焊接的工件进行固定。和定位装置或薄板金属螺钉一样,定位焊是一种临时性的措施。各焊点间的距离大小与板件的厚度有关，一般其距离为板件厚度的15~30倍，如图4-32所示。定位焊要求板件之间要正确地对准。

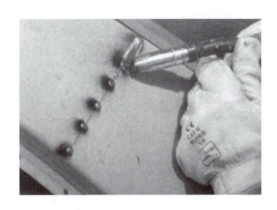
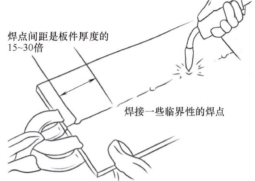

图4-32　定位焊

（四）连续焊操作

当进行连续焊时，焊炬应该缓慢、稳定地向前运动，形成连续的焊缝，如图4-33所示。操作中保持焊炬的稳定进给，以免产生晃动。采用正向焊法时，连续地匀速移动焊炬，并经常观察焊缝。焊炬应倾斜10°~15°，以便获得最佳形状的焊缝、焊接线和气体保护效果。导电嘴到板件之间应保持适当的距离，焊炬应保持正确的角度。如果不能正常进行焊接，原因可能是焊丝太长。焊丝过长，金属的焊接熔深将会减小。为了得到适当的焊接熔深，以提高焊接质量，应使焊炬靠近板件。平稳、均匀地操纵焊炬，将得到高度和宽度恒定的焊缝，而且焊缝上带有许多均匀、细密的焊波，如图4-34所示。

定位焊

连续焊

图4-33　连续焊

图4-34　连续焊的焊缝

（五）塞焊操作

塞焊又称为电铆焊，在汽车车身覆盖件的修理中主要用于一些不能进行连续焊接的部位,或者车身构件的边缘不能用铆接的部位,特别是车身覆盖件的切换比较常用,塞焊的方法如图4-35所示,焊接效果如图4-36所示。进行塞焊时,应该在外面的一个或者若干个板件上打好孔,然后将两块钢板夹紧在一起,以确保贴合紧密,塞焊时焊炬与板件表面应该保持垂直并且从焊孔的边缘开始,按螺旋线逐步进入孔的中心,沿塞孔周边缓慢绕向中心运枪,如孔径较小可将焊炬直接对准中心将孔焊平,如图4-37所示。塞焊的焊点应以略高出焊件平面为宜,过高会给打磨带来困难,而过低会使焊点强度不足甚至造成脱落,塞焊焊接效果的优劣如图4-38所示。对被完全穿透的板件进行塞焊时,应该使用黄铜棒、铜或铝板抵住下层板件上的孔洞再进行塞焊操作,如图4-39所示。

(六)点焊操作

点焊操作是送丝脉冲被触发时,将电弧引入被焊的两块板件,使其局部熔化的一种焊接工艺,如图4-40所示。

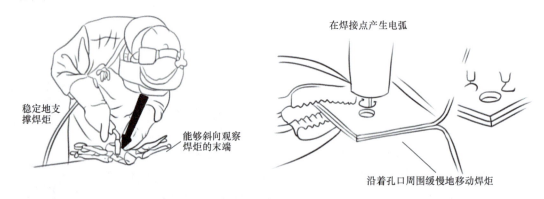

图4-35 塞焊的方法

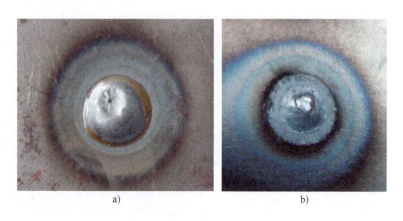

图4-36 塞焊焊接效果
a)焊接正面 b)背面熔深

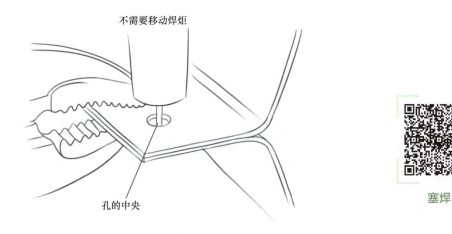

图 4-37 塞焊较小的孔洞

图 4-38 塞焊焊接效果的优劣
a）优　b）劣

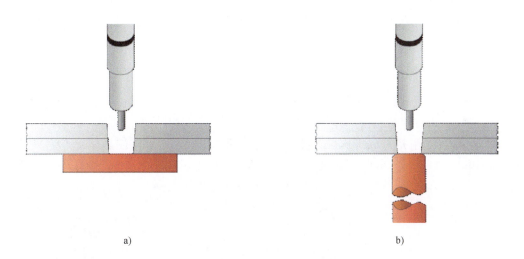

图 4-39 对被完全穿透的面板进行塞焊
a）铜或铝板　b）黄铜棒

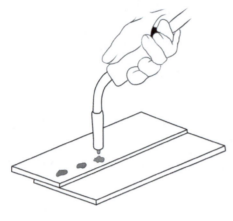

点焊

图 4-40 点焊操作

气体保护点焊又称作可熔性点焊，因为焊丝在焊接处熔化。可熔性点焊有多种操作方法，在所有的车身部位借助各种喷嘴都可进行可熔性点焊。当对厚度不同的金属进行点焊时，应将较轻的金属焊接到较重的金属上。

与脉冲焊接相比，点焊通常需要较多的热量。对点焊参数进行调整时，最好借助于金属样品。为了检验点焊的质量，可将焊接在一起的两个样品拉开。高质量的焊接接头会在底层的试样上裂开一个小孔。如果焊接接头很容易被拉开，则应延长焊接时间或提高焊接温度。每完成一次点焊，都应断开触发器，然后再将触发器合上，以便进行下一次点焊。惰性气体保护点焊有一个优点，即完成焊接后，容易对焊缝的隆起部分进行抛光，而且抛光不会产生任何需要重新填满的凹坑。

脉冲控制使在金属材料上连续进行的焊缝很少产生烧穿或变形。脉冲控制可按预定的时间起动并停供焊丝，不需要松开触发器。可按操作者的习惯和板件的厚度来调整两次脉冲焊接的时间间隔。

（七）搭接点焊操作

搭接点焊是在需要连接的几个相互依次重叠的金属板表面棱边处将两个金属表面熔化。焊接时将电弧引入下层金属板，并使熔融金属流入上层金属板的边缘，将两块板材熔合在一起，如图 4-41 所示。搭接点焊这种方法与对接焊基本相似，所不同的是搭接点焊只是焊接在板件的边缘上，搭接点焊时和对接焊一样，应该控制好焊接时的温度，而且不能连续进行焊接，焊接一段以后要等冷却下来才能进行下一段的焊接作业。

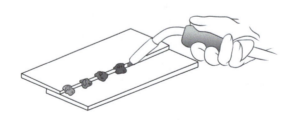
搭接点焊

图 4-41 搭接点焊操作

(八)连续点焊操作

当持续、快速进行若干次点焊,使焊点与焊点相连接或者重叠,这种焊接的操作方式称为连续点焊,连续点焊的操作方式如图 4-42 所示,连续点焊焊接效果如图 4-43 所示,连续点焊产生的热变形较小,熔池较小,所以车身板件切割更换大多数采用的是连续点焊。

连续点焊可以采用右焊法,也可以采用左焊法,这两种焊接方式不同,成形的焊缝形状也会有所不同。采用右焊法连续点焊作业时,焊点应压在上一个焊点直径 1/3 的位置,由左至右,以此类推。所以,右焊法的连续点焊焊缝是右侧的焊点压在左侧焊点上部,焊缝成形相对饱满。采用左焊法连续点焊作业时,焊点应在上一个焊点的边沿位置起弧,由右至左。左焊法的连续点焊焊缝是左侧的焊点压在右侧焊点上部,焊缝较低,焊波清晰,飞溅较小。

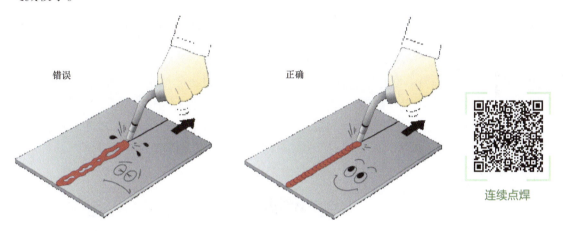

图 4-42 连续点焊的操作方式

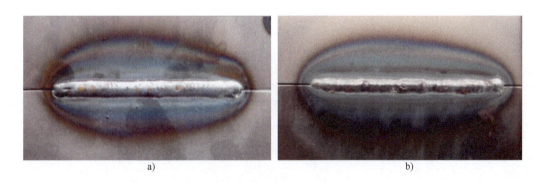

图 4-43 连续点焊焊接效果
a)连续点焊正面 b)连续点焊背面

(九)对头焊接操作

对头焊接就是将两片钢板置于同一平面上,并把两片对接钢板的缝隙填满而接合成一体的一种焊接方法,如图 4-44 所示。此种方法适用于无法实施重叠焊接的部位,在车身修理作业中，适用于切割和接合的焊接钢板上。

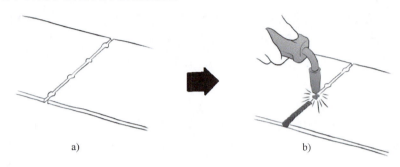

图 4-44　对头焊接操作

a）定点焊接　b）连续焊接

对头焊接作业应该先将两块待焊板件重叠处进行研磨，使板件原有的棱角变为小的斜面，如图 4-45 所示。在焊接开始前，必须使用焊接用固定夹具夹持定位，还可以防止焊接时产生热变形，然后稳定地支撑焊炬，正确地将电弧对准目标中心点，来进行定点焊接作业，如图 4-46 所示。定点焊接的焊点间距为钢板厚度的 15~30 倍，如图 4-47 所示。定点点焊固定住板件之后，应该检查焊接板件是否发生变形，如果没有，可以进行有顺序的连续焊接作业完成板件的接合，如图 4-48 所示，焊接效果的优劣如图 4-49 所示。

图 4-45　研磨两块待焊板件重叠处

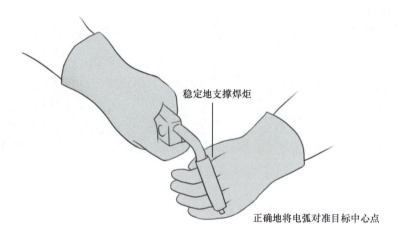

图 4-46　稳定地支撑焊炬，正确地将电弧对准目标中心点进行焊接

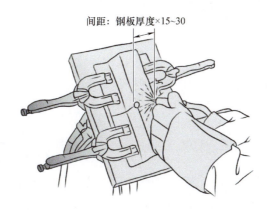

图 4-47　定点点焊间距

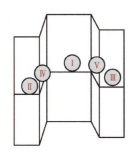
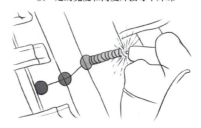

图 4-48　连续焊接

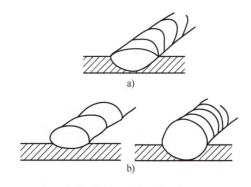

图 4-49　对头焊接效果的优劣
a）优　b）劣

八、车身板件焊接的基本操作方法

车身修理所用的惰性气体保护焊包括各种对接焊、搭接焊、塞焊和点焊。每种类型的焊缝都可用几种不同的方法进行焊接。主要根据给定的焊接条件和参数来决定采用哪种方法。

这些条件和参数包括金属的厚度和状态、被焊接的两个金属工件之间裂缝的数量（如果有裂缝）、焊接位置等。例如，可采用连续焊或连续点焊的方法进行对接焊。在进行永久性的连续焊或连续点焊时，也可以沿着焊缝上的许多不同点进行定位焊，用这种方法来固定需要焊接的工件。搭接和凸缘连接可采用上述几种焊接技术。

（一）对接焊

对接焊是将两个相邻的金属板边缘安装在一起，沿着两个金属板相互配合或对接的边缘进行焊接的一种方法。

1. 连续焊在对接焊中的应用

进行对接焊时必须注意（尤其是在薄板上），每次焊接的长度最好不超过20mm。要密切注意金属板的熔化、焊丝和焊缝的连续性，如图4-50所示。还要注意焊丝的端部不可偏离金属板间的对接处。如果焊缝较长，最好在金属板的若干处先进行定位焊（连续点焊），以防止金属板变形。图4-51显示在焊缝的终点前面距离很近的地方产生电弧，然后立刻将焊炬移动到焊缝的起点处。在焊接过程中，焊缝的宽度和高度将保持一定。

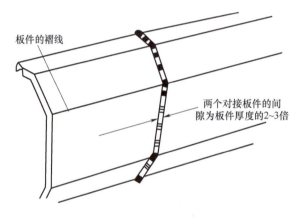

图4-50 对接焊

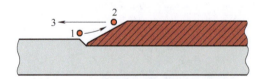

平稳地操作焊炬，得到高度宽度一定、焊波均匀的焊缝

图4-51 连续焊时的焊炬运动轨迹
1、2、3——代表焊炬的运动轨迹

要采用分段焊接，让某一段区域的对接焊自然冷却后，然后再进行下一区域的焊接，如图4-52所示。

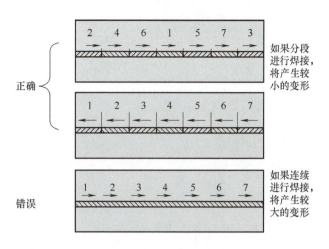

图 4-52 分段焊接

尽管外层低碳钢金属板对焊接的敏感性较小,但也要分段焊接,以防止由于温度升高而引起弯曲和变形。为了将间隔开的焊缝之间填满,可先用砂轮磨光机沿着金属板表面进行研磨,然后再将间隙中填满金属,如图 4-53 所示。如果焊缝表面未经研磨便将焊接金属填入,则会产生气泡。

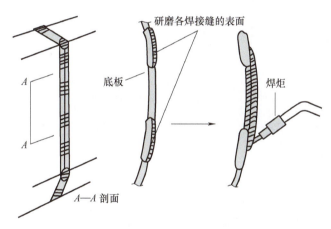

图 4-53 填满隔开焊缝之间的间隙

当焊接金属薄板时,如果薄板厚度为 0.8mm 以下,必须采用不连续的焊接(即连续点焊),以防止烧穿薄板。保持适当的焊炬角度,并按正确的顺序操作,便可得到高质量的焊缝。可采用逆向焊法来移动焊炬,这样比较容易对准焊缝。

图 4-54 显示了安装替换金属板时采用的典型对接焊的过程。如果采用这种焊接方法没有得到预期的效果,其原因可能是导电嘴和板件金属之间的距离过大。焊接熔深随着导电嘴和板件金属之间距离的增大而减小。操作时,试将导电嘴和板件金属之间的距离保持几个不同的值,直至获得理想的焊缝,这时的距离值即为最佳值。

焊炬移动得过快或过慢,都将使焊接质量下降。焊接速度过慢将会造成熔穿;相反,焊接速度过快将使熔深变浅而降低焊接强度。

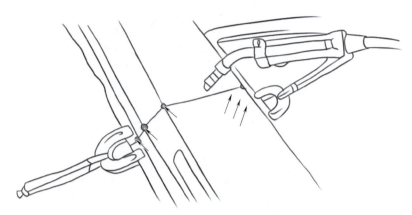

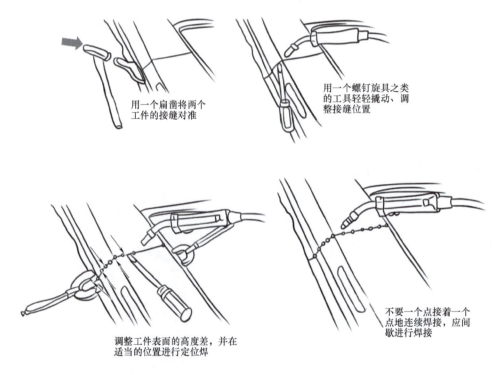

图 4-54　对接焊的焊接过程图

即使在接焊的过程中形成了理想的焊缝，但是如果从金属的边缘处或靠近边缘的地方开始焊接，金属板仍会产生弯曲变形，如图 4-55 所示。因此，为了防止金属板弯曲，应从工件的中心处开始焊接，并经常改变焊接的位置，以便将热量均匀地扩散到板件金属中。金属板的厚度越小，焊缝的长度应越短。

当进行对接焊时，熔深一定要达到焊缝的背部。当对接焊的金属厚度为 1.6mm 以上时，必须留一个坡口，以确保有足够的熔深。如果实际需要焊接的地方没有坡口，可在焊缝处磨出一个 V 形坡口，使熔深达到焊缝的背部。

对接焊完成后不需要再加固。因为在加固过的地方会产生应力集中，使加固过的焊缝强度低于未经加固的焊缝。

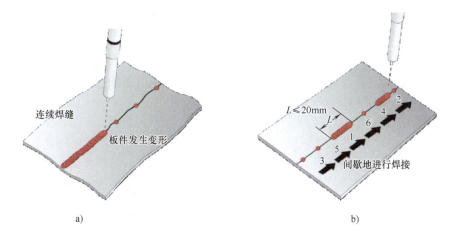

图 4-55 防止金属板弯曲变形
a）错误的焊接方法　b）正确的焊接方法

2. 脉冲点焊在对接焊中的使用

可采用惰性气体保护焊机进行脉冲点焊操作。现在大多数车身修理用气体保护焊机都带有内部定时器，在一次点焊后，便会切断送丝装置并关闭电弧，间隔一定时间后重新进行下一次点焊。间隔时间的设定值取决于工件的厚度。

用气体保护焊机进行点焊操作时，最好用一个专用喷嘴来代替一般的喷嘴。将具有点焊控制、焊接热量及回烧时间控制功能的焊炬安装到位，然后将喷嘴指向焊接部位并启动焊炬。经过很短的时间以后，送丝时间脉冲被触发，焊接电流被接通，与此同时，电弧熔化外层金属并进入内层金属，然后焊炬自动关闭。无论将焊炬开关触发多长的时间，都不起作用。但是，如果将触发器松开，然后再次揿压，便可得到下一个点焊脉冲。

由于条件上的差异，难以确定惰性气体保护点焊的质量。因此，在承受载荷的板件上，最好采用塞焊或电阻点焊的方式来焊接。

在焊接各种薄型的非结构性金属板和外壳上的搭接缝和凸缘时，搭接点焊是一种常用的快速有效的方法。这种方法也是设定点焊时间脉冲，但要将点焊喷嘴放在外层金属板凸缘的上方，角度大约为90°，这就使它能同时接触两层金属板。电弧熔入凸缘，然后进入下层金属板。

3. 连续脉冲点焊在对接焊中的使用

气体保护连续点焊使用一般的喷嘴，不使用点焊喷嘴。当进行连续点焊时，要将点焊的方法和连续焊的焊炬操作和运行方法结合起来。

焊接操作可以看作是焊接—冷却—焊接—冷却的过程，在电弧关闭的时间内，刚焊接过的部位会稍有冷却并开始凝固，然后再进行下一个部位的焊接。这种间歇方式所产生的变形较小，熔透和烧透较少。连续点焊的这些特征使它适用于薄型装饰性金属板的连续焊接。

连续点焊的间歇式冷却和凝固使它的变形比连续焊接小。对立焊或仰焊缝进行连续点焊时，焊接熔池不会过热而导致熔融金属流淌。

（二）搭接焊

搭接焊是在需要连接的几个相互依次重叠的金属板的上表面的棱边处将两个金属表面熔

化。这种操作方法与对接焊相类似，所不同的是其上表面只有一个棱边。搭接焊只能用于修理原先在制造厂进行过这种焊接的地方，或用于修理外板和非结构性的金属板。当需要焊接的金属多于两层时，不可采用这种方法。

搭接焊操作时也要采用对接焊中所采用的温度控制方法，不能连续进行焊接，应按照能使焊接部位自然冷却并预防温度上升的顺序进行焊接。

（三）塞焊

在车身修理中，可采用塞焊来代替汽车制造厂的电阻点焊。塞焊经常用在车身上曾在汽车制造厂进行过电阻点焊的所有地方，它的应用不受限制，而且焊接后的接头具有足够的强度来承受各结构件的载荷。塞焊还可用于装饰性的外部板件和其他金属薄板上。

塞焊是点焊的一种形式，它是通过一个孔进行的点焊。在需要使用平头钻连接的外层板件上钻一个孔来进行焊接，一般结构性板件的孔直径为8mm，装饰性板件上孔的直径为5mm，在装饰性板件上孔太大使后面的打磨工作量加大。先将两板件紧紧地固定在一起，焊炬和被焊接的表面保持一定的角度，将焊丝放入孔内，短暂地触发电弧，然后断开触发器。熔融金属填满该孔并凝固，如图4-56所示，一定要让焊丝接触到下面的金属板。在金属板下面的半球形隆起表明有适当的焊接熔深。

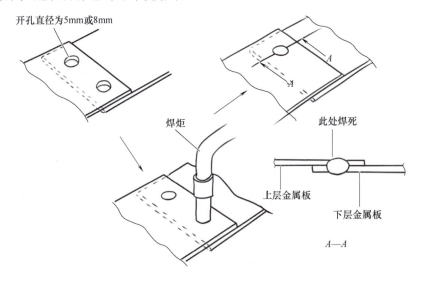

图4-56 塞焊焊接步骤

间断的塞焊焊接会在金属表面上产生一层氧化物薄膜，而形成气泡。如果发生这种情况，可用钢丝刷来清除氧化物薄膜。在进行一个孔的焊点塞焊时要求一次完成，避免二次焊接。

塞焊焊接过的部位应该自然冷却，然后才可以焊接相邻部位。不能用水或压缩空气对焊点周围进行强制冷却。让其缓慢、自然地冷却，会减小金属板的变形，并使金属板保持原有的强度。

塞焊还用于将两个以上的金属板连接在一起。当需要将两个以上的金属板焊接在一起时，应在每一层金属板上冲一个孔（最下面的金属板除外）。每一层附加金属板的塞焊孔直径应小于最上层金属板塞焊孔的直径。采用塞焊法焊接不同厚度的金属板时，应将较薄的金属板放在上面，并在较薄的金属板上冲较大的孔，这样可以保证较厚的金属板能首先熔化。

进行高质量塞焊的要素如下：
1）调整适当的时间、电流和温度。
2）把各工件紧密地固定在一起。
3）焊丝与被焊接的金属相熔。
4）底层金属应首先熔化。
5）夹紧装置必须位于焊接位置的附近。

九、镀锌金属的气体保护焊

对镀锌钢材进行气体保护焊焊接时，不必将锌清除掉。如果将锌磨掉，金属的厚度减小，强度也随之降低，该区域也极易受到腐蚀。

当焊接镀锌钢材时，应采用较低的焊炬运行速度，这是因为锌蒸气容易上升到电弧的范围内，干扰电弧的稳定性。焊炬运行速度较低，可使锌在焊接熔池的端部烧掉。根据镀锌层的厚度、焊接的类型和焊接的位置来决定焊炬的运行速度。

和无镀层的钢相比，镀锌钢材的焊接熔深略浅，所以，对接焊时需要底部的直角边缘间隙稍大。为了防止较宽的间隙造成烧穿或过量的熔深，焊接时，应使焊炬左右摆动。焊接镀锌钢材产生的溅出物也比较多。所以，应在焊炬喷嘴的内部加上防溅剂，并且应该经常清洁喷嘴。

镀锌钢板焊接时会产生锌蒸气，而锌蒸气有毒，所以应有良好的通风条件，并且在进行焊接操作时操作人员应该戴上供气的防毒面罩。

十、气体保护焊焊接质量的检查

在每一次焊接的过程中，应经常检查焊接的质量。可以用一些试验板来进行检查。在对汽车上的零部件进行焊接以前，可以先在一些金属板上进行试焊。这些金属板和汽车上需要焊接零部件的材料相同。焊接这些试验板时，焊机的各项参数要调整适当，那么车身板件的焊接质量就有了保证。试验板的焊接处用錾子断开，以检验焊接的质量。下面是车身修理中常用的搭接焊、对接焊和塞焊焊接质量的检验标准，试验板件的厚度均为1mm。

（一）搭接焊和对接焊焊疤的测量标准

1）工件正面。最短长度为25mm，最长长度为38mm，最小宽度为5mm，最大宽度为10mm。
2）工件背面。焊疤宽度为0~5mm。
3）对接焊工件夹缝宽度是工件厚度的2~3倍。

（二）塞焊焊疤的检测标准

1）工件正面。焊疤直径最小为10mm，直径最大为13mm。
2）工件背面。焊疤直径为0~10mm。
3）焊疤不允许有孔洞或焊渣等缺陷。

(三)焊件焊疤高度检测标准

焊件正面焊疤最大高度不超过 3mm,焊件背面焊疤最大高度不超过 1.5mm。

(四)搭接焊和对接焊焊疤的破坏性试验检测标准

搭接焊撕裂的工件上必须有与焊疤长度相等的孔。对接焊撕裂破坏后工件上必须有与焊疤长度相等的孔。

(五)塞焊焊疤的破坏性试验检测标准

塞焊扭曲破坏后下面工件上必须有直径不小于 10mm 的孔。

十一、气体保护焊焊接缺陷

在进行气体保护焊焊接作业中,常会因为各种原因造成焊接的缺陷,常见的焊接缺陷有气孔/凹坑、咬边、焊瘤、未焊透、飞溅过大、焊缝宽窄不均匀、不正确熔化和烧穿等。

气体保护焊焊接的缺陷及产生原因如下:

(一)气孔/凹坑

气孔就是气体进入焊接金属中会产生的气孔或凹坑,如图 4-57 所示。

气孔/凹坑产生的原因有:板件上有锈迹或污物,焊丝上有锈迹或水分,气体保护不当、喷嘴堵塞、焊丝弯曲或气体流量过小,焊接时冷却速度过快,电弧过长,焊丝规格不正确,气体被不适当封闭,焊接表面不干净等。

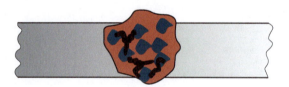

图 4-57 气孔

(二)咬边

咬边是由于过分熔化的板件而形成一个凹坑,它使板件的横截面减小,严重降低了焊接部位的强度,如图 4-58 所示。

咬边产生的原因有:电弧太长,焊炬角度不正确,焊接速度太快,电流太大,焊炬送进太快,焊炬角度不稳定等。

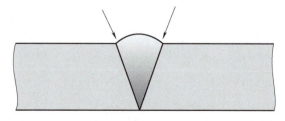

图 4-58 咬边

（三）未焊透

未焊透就是熔深不足，此种缺陷是由于金属板熔敷不足而产生的，如图4-59所示。

未焊透产生的原因有：焊接电流太小，电弧过长，焊丝端部没有对准两层金属板的对接位置，槽口太小，焊丝出丝速度太慢，焊炬角度不对，焊接走枪速度太快等。

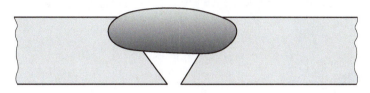

图4-59 未焊透

（四）焊瘤

焊瘤就是在焊缝边多出一个形似瘤状的焊接物，如图4-60所示。由于角焊焊接是在板件的边缘进行，容易烧穿，焊接时角焊比对接焊更容易产生焊瘤。焊瘤会引起应力集中而导致过早腐蚀。

焊瘤产生的原因有：焊接速度太慢，电弧太短，焊炬移动太慢，电流太小等。

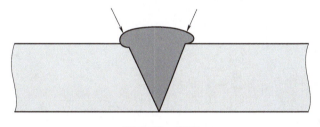

图4-60 焊瘤

（五）飞溅过大

飞溅过大就是在焊缝的两边形成许多斑点和凸起，如图4-61所示，产生的原因有：电弧过长，板件金属生锈，焊炬角度太大等。

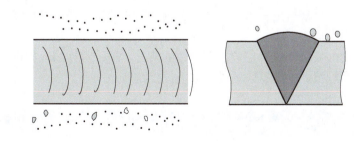

图4-61 飞溅过大

（六）焊缝宽窄不均匀

焊缝不是均匀的流线形，而是不规则的形状，如图4-62所示。

焊缝宽窄不均匀产生的原因有：焊炬嘴的孔被损坏或变形，焊丝通过嘴口时发生摆动；焊炬不稳定；移动速度不稳定等。

图4-62　焊缝宽窄不均匀

（七）不正确熔化

不正确熔化发生在板件与焊接金属之间，如图4-63所示，或发生在两种熔敷金属之间的不熔化现象。

不正确熔化产生的原因有：焊炬的移动太快，电压过低，焊接部位不干净等。

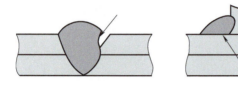

图4-63　不正确熔化

（八）烧穿

烧穿的焊缝内有许多孔，如图4-64所示。

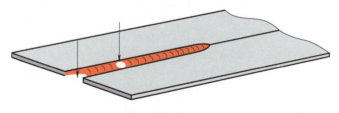

图4-64　烧穿

烧穿产生的原因有：焊接电流太大，两块金属之间的坡口太宽，焊炬移动速度太慢，焊炬到板件之间的距离太短等。

对于焊接时出现的质量问题，应该根据具体的情况实施针对性的改进措施，只有采用正确的焊接工艺和技术规范，才能有效地避免以上焊接缺陷的产生。

任务实施

（一）作业准备

1. 技术要求与标准

铝合金焊接必须在独立的作业空间进行。

2. 设备器材

工作桌、台虎钳、二氧化碳气体保护焊机、大力钳、双动打磨机、环带打磨机、气动切割锯、焊烟抽排净化机等。

3. 场地设施

车身焊接实操实训室。

4. 耗材

打磨砂纸（P80/P120）、环带打磨砂纸、气动锯锯片、干净擦拭纸、焊丝、焊接用保护气体（75%二氧化碳气体+25%氩气）、导电嘴、喷嘴等。

5. 防护用品

工作服、工作鞋、线手套、护目镜、耳塞、焊接防护面罩、焊接手套、焊接皮围裙、焊接护臂、焊接护腿、防毒口罩等。

（二）工作计划

气体保护焊焊接作业的应用分为两个课程，不可在同一作业空间完成。每四个学生分为一组，在车身焊接实操实训室学习认识气体保护焊机焊接的基本原理和结构，在老师的指导下学习焊机的基本调试和试焊操作，然后进行钢车身模拟板件和铝合金车身模拟板件的焊接作业（包括定位焊、连续点焊、连续焊、塞孔焊、搭接焊等焊接方式的练习），最后通过观察自己的焊接质量，分析焊接缺陷的原因。

（三）实施工作

1. 安全防护穿戴
2. 调整气体保护焊机

1）安装焊丝。

压下压臂，拧动压紧手柄，适当调整_____的压力，使焊丝得到足够大的推力，能够离开焊丝盘并且穿过送丝管及焊炬，调节送丝轮的压力，当焊丝在喷嘴受阻不能进给时，焊丝可以在送丝轮上打滑。但送丝轮的压力不能太大，如果压力过大焊丝会变形，在送丝管内产生_____，会导致送丝不稳定。

2）气瓶安装。

目前使用的标准气体流量为焊丝直径×_____左右。

3）搭铁的摆放。

搭铁是使焊机在工作时电流能够形成一个_____，所以搭铁应该放置在车身金属件焊接部位附件的清洁表面上，形成一个焊机的_____车身板件，然后再回到焊机的一个_____。

4）焊接电弧电压调整。

电弧电压过高时，电弧的长度增大，焊接熔深减小，焊缝呈_____；电弧电压过低时，电弧的长度减小，焊接熔深增加，焊缝呈狭窄的_____。

5）焊接电流调整。

焊接的时候应该根据焊接的_____、_____、_____、_____等要求来选择_____。

6）导电嘴与焊件表面的距离与调整（焊丝的伸出长度）。

导电嘴到板件的距离是高质量焊接的一项重要因素，一般导电嘴与焊件表面的标准距离为_____。

7）焊接角度调整。

按照焊接时焊炬与板件之间的角度，焊接时焊炬角度应在_____范围内。

8）焊接方向的调整。

进行焊接操作时，焊接有两种方向：_____、_____。

9）焊接速度的控制。

一般来说，焊接速度由_____、_____两种因素决定。

10）焊接完毕，整理工位，6S 管理。

任务练习

1. 判断题

1）电弧电压过高时，电弧的长度增大，焊接熔深也增大。（　　）

2）气体保护焊焊接结束后，直接关闭气体阀门即可。（　　）

3）进行焊接作业时，气体流量调节在 10~15L/min 范围内。（　　）

2. 单选题

1）气体保护焊焊接的优点是（　　）。
  A. 焊接质量受操作人员影响大 B. 不受板件形状限制
  C. 产生热量多，板件会变形 D. 焊接操作方法难以掌握

2）惰性气体保护焊和活性气体保护焊焊接时必须佩戴（　　）。
  A. 皮手套 B. 焊接面罩 C. 口罩 D. 以上皆是

3）焊接车身钢材都用纯二氧化碳气体或二氧化碳和氩气的混合气作为保护气体，二氧化碳和氩气这种混合气的比例为（　　）。
  A. 90%：10% B. 60%：40% C. 75%：25% D. 85%：15%

4）在车身钢材焊接时，最常使用的焊丝直径为（　　）。
  A. 0.6mm B. 0.8mm C. 1.0mm D. 1.2mm

5）在车身钢材焊接时，听到正确的焊接声音为（　　）。
  A. 呲呲 B. 噼噼啪啪 C. 啪啪 D. 嗤嗤

6）导电嘴到板件的距离是高质量焊接的一项重要因素，导电嘴与焊件表面的标准距离为（　　）。
  A. 8~15mm B. 15~20mm C. 5~10mm D. 0~5mm

7）在进行车身结构性板件塞焊时，开孔的直径为（　　）。
  A. 8mm B. 6mm C. 7mm D. 5mm

3. 简答题

1）气体保护焊焊接出现气孔/凹陷缺陷的原因有哪些？

2）车身焊接的基本操作方法有哪些？

任务评价

评 价 指 标			学生自评（30%）	小组互评（30%）	教师评价（40%）
素质评价（20%）	劳动态度（4分）				
	工作纪律（4分）				
	安全操作（4分）				
	环境保护（4分）				
	团队协作（4分）				
技能评价（80%）	工具使用（10分）				
	任务方案（10分）				
	实施步骤（40分）	安全防护穿戴			
		焊丝安装			
		气瓶安装			
		气体流量调节			
		参数调整			
		焊接			
		6S 管理			
	完成结果（10分）				
	作业完成（10分）				
本次得分					
最终得分					

教师签名：_____

日期：_____年____月____日

汽车焊接工艺

任务二
电阻点焊焊接作业

任务目标

知识目标	1. 说出现代车身对电阻点焊设备的要求。
	2. 描述电阻点焊焊接的作业原理。
	3. 列举出电阻点焊焊接的影响因素。
能力目标	能够正确进行电阻点焊焊接前调整作业及板件焊接。

知识准备

一、现代汽车对点焊设备的要求

（一）电阻点焊在汽车生产中的应用

电阻点焊作为一种高效、廉价且机械化和自动化程度较高的连接技术，在汽车工业中得到了广泛的使用，无论是汽车车身组装还是汽车零部件的生产中，电阻点焊工艺都占据了相当重要且相当数量比例的地位。

汽车车身是整个汽车零部件的载体，汽车制造质量的优劣对整车质量起着决定性的作用，电阻点焊是汽车车身装配时主要的工艺手段，在车身底板、侧围、车架、车顶、车门及车身总成等部分的焊装中，均大量采用了电阻点焊的工艺，据统计，每一辆轿车车身上，有4000~6000个电阻点焊焊点，如上海大众帕萨特车身装配中，每辆车的总焊点数量达到5892点，因此，提高点焊质量对保证车身装配质量、控制车体误差有着深远的意义。

汽车车身焊装线上的电阻点焊设备主要有以下三条：

1. 悬挂式点焊机

悬挂式点焊机是以往车身焊装生产线上的主要设备，一个车身焊装车间一般有200~300台悬挂式点焊机，用于车身各个部位的装配点焊，特别用于点焊焊接位置复杂多变的部件。悬挂式点焊机如图4-65所示。

2. 点焊机器人

为了提高车身焊装的自动化程度，减少操作者的劳动强度，提高工作效率，采用点焊机器人代替笨重的悬挂式点焊机，以代替人单调、重复、长时间的强体力劳动，同时还适应产品多样化生产。点焊机器人如图 4-66 所示。

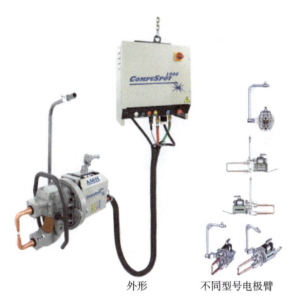

图 4-65　悬挂式点焊机　　　　　　　　　图 4-66　点焊机器人

3. 多点点焊

采用多点点焊工艺的目的是为了提高生产率、减小焊接变形。在车身焊装生产线上，车身底板的点焊经常采用多点点焊，如德国奥迪和宝马的车身底板自动化焊装线上都是采用多点点焊，点焊机器人和多点点焊在汽车车身生产线上所占的比例，体现了该生产线的自动化程度。

（二）汽车车身维修中对电阻点焊设备的要求

现代汽车车身均广泛应用高强度钢、较高强度钢、超高强度钢以及特殊金属板（防锈钢板、镀层钢板等），故在汽车后市场车身维修领域，采用原厂悬挂式点焊机、点焊机器人显然不够经济且占地空间较大。因此在车身维修中都是采用可移动式双面点焊机，因此双面点焊机应该满足以下要求：

1）必须大的电流。双面点焊机在焊接超高强度钢板时，由于超高强度钢接触电阻较小，根据焦耳定律 $Q=I^2Rt$，为了保证点焊焊接的质量，必须增加焊接电流和焊接时间，但同时电流过大容易产生飞溅、裂纹以及导致钢板碳化，且同时要保证点焊焊点压痕深度小于板材厚度 20%。图 4-67 所示为两高强度钢板在强电流下的焊接质量，电流的选择并非越大越好。

2）合适的压力。电极端压力是由压缩空气压力控制的，但是太大的气压又会使焊接质量适得其反，由于对钢板施加的力加大，钢板的电阻减小，则需要更大的电流来克服此问题。相反的是，如果电流加大，又需要更大的夹力来保持熔化的焊核。夹力与电流是相关的。图 4-68 所示为夹力与电流关系图。

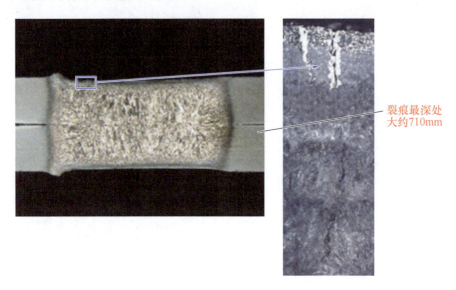

图 4-67　两高强度钢板在强电流下的焊接质量
1.75mm H340×Z100/1.75mm H340×Z100

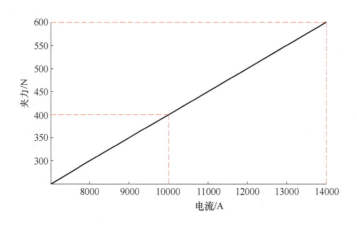

图 4-68　夹力与电流关系图

现在的双面点焊机为了省事，只是需要机器测定材料的电阻和厚度，便可以自动控制焊接需要的气压。

3）可持续作业能力。双面点焊机点焊焊接 1~100 点，焊接强度应是一样的，如机器持续发热，电力会衰减，焊接的质量就得不到相应的保证。所以应该采用水冷式双面点焊机，而且冷却液能够流到电极端对直接接触焊接材料的电极进行冷却。

4）双面点焊机必须是智能的，能够对焊接材料和每个焊点进行控制。

二、电阻点焊的运用

电阻点焊是汽车制造厂在流水线上对整体式车身进行焊接时最常用的一种方法，如

图 4-69 所示。在整体式车身上进行的焊接作业中，有 90%~95% 都采用电阻点焊。

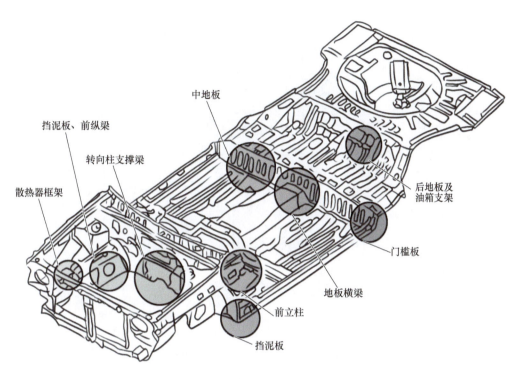

图 4-69　汽车生产过程中电阻点焊的位置

在使用点焊设备时，操作者必须选择合适的加长臂和电极，以便到达需要焊接的部位。采用挤压式电阻点焊机进行焊接时，应适当调整对金属板的夹紧力。在一些设备上，可同时调整电流和焊接时间。调整完毕后，将点焊机定位在需要焊接的金属板处，一定要使电极的极性彼此相反，然后触发开关，开始进行点焊。

电阻点焊在欧洲和日本的整体式车身修理中已使用了 30 多年，我国现在越来越多的汽车制造厂也指定用电阻点焊来修理焊接他们制造的汽车，作为一个车身修理人员，有必要掌握电阻点焊的操作方法。

在进行焊接前，要先查阅汽车制造厂提供的汽车维修说明书。更换车身上的各种面板和内部板件时，所有焊接接头的大小应和原来制造厂的焊接接头相类似。除电阻点焊外，更换零部件后焊接接头的数量应和原来的焊接接头数量相等。强度和耐久性需要根据焊接到车身上的零部件位置决定。根据部件的功用、物理性能和在车身上的位置等因素，汽车制造厂都规定了修理中各部件最佳的焊接方法。

（一）电阻点焊的原理

1. 基本原理

电阻点焊机电源部分相当于一台变压器，它通过向电极提供低电压、高强度的电流，电流流过夹紧在一起的两块或三块金属板时产生大量的电阻热，用焊炬电极的挤压力把它们熔合在一起，如图 4-70 所示。图 4-71 所示为电阻点焊的过程图。

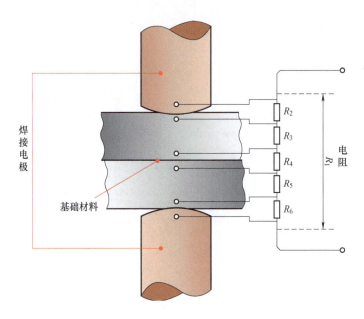

图 4-70　电阻点焊原理图

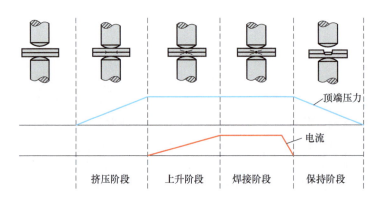

图 4-71　电阻点焊的过程图

2. 焊接热

（1）焊接热的产生　电阻点焊时产生的热量由下式决定：

$$Q = I^2 R t$$

式中　Q——电阻点焊产生的热量（J）；

I——焊接电流（A）；

R——电极间电阻（Ω）；

t——通电时间（s）。

（2）电阻的组成　电阻 R 是由两焊件本身电阻、焊件间的接触电阻、电极与焊件间的接触电阻组成的，如图 4-72 所示。

电阻 R 的计算公式为

$$R = 2R_w + R_c + 2R_{ew}$$

式中　R_w——焊件本身电阻（Ω）；

R_c——焊件间的接触电阻（Ω）；
R_{ew}——焊件与电极间的接触电阻（Ω）。

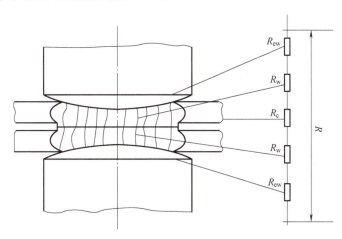

图 4-72　电阻的形成

1）焊件本身电阻 R_w。电流通过焊件而产生的电阻热与焊件本身电阻有关，该电阻按下式计算为

$$R_w = \frac{K\rho(\delta_1 + \delta_2)}{S}$$

式中　ρ——焊件电阻系数，ρ 一般随温度升高而增大，故加热时间越长，电阻越大，产热越多，对形成熔核的贡献越大；

δ_1、δ_2——两焊件的厚度（mm）；

S——对应于电极接触面积（mm^2）；

K——考虑电流在板中扩散的系数 $K<1$，K 仅与电极与焊件的几何形状有关。

2）焊件间的接触电阻 R_c。定位焊电极压力下所测定接触面处存在电阻值有以下原因：

① 焊件表面氧化膜或污物层，使电流受到较大阻碍，过厚的氧化膜或污物层会导致电流不能导通。

② 焊件表面是凹凸不平的，使焊件在粗糙表面形成接触点，在接触点形成电流线的集中，因此增加了接触处的电阻 R_c。

3）焊件与电极间的接触电阻 R_{ew}。电极与焊件间的是一种附加电阻，通常是指在点焊电极压力下所测定接触面（焊件-电极接触面）处的电阻值。

（二）电阻点焊三要素

1. 电极压力

两个金属件之间的焊接机械强度与焊炬电极施加在金属板上的力有直接的关系。当焊炬电极将金属板挤压到一起时，电流从焊炬电极流入金属板，使金属熔化并熔合。焊炬电极的压力太小、电流过大都会产生焊接飞溅物，导致焊接接头强度降低。焊炬电极压力太大会引起焊点过小，并降低焊接部位的机械强度，如图 4-73 所示。焊炬电极压力过高会使电极头压入被焊金属软化的部位过深，导致焊接质量降低。

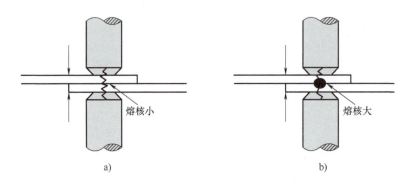

图 4-73 焊接压力对焊点的影响

a）施加的压力大　b）施加的压力小

2. 焊接电流

给金属板加压后，一股很强的电流流过焊炬电极，然后流入两个金属板件。在金属板的接合处电阻值最大，电阻热使温度迅速上升，如图 4-74a 所示。如果电流不断流过，金属便熔化并熔合在一起，如图 4-74b 所示。电流太大或压力太小，将会产生内部溅出物。如果适当减小电流或增加压力，便可使焊接溅出物减少到最小值。焊接电流和施加在点焊部位的压力对焊接质量都有直接的影响。

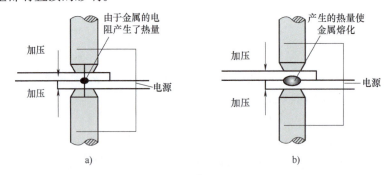

图 4-74 焊接电流对焊点的影响

一般通过对焊点部位颜色的变化就可以判断电流的大小，图 4-75a 表示出焊接电流正常时焊点中间电极触头接触部分的颜色不会发生变化，与未焊接之前的颜色相同，图 4-75b 表示出焊接电流大时焊点中间电极触头接触部分的颜色变深呈蓝色。

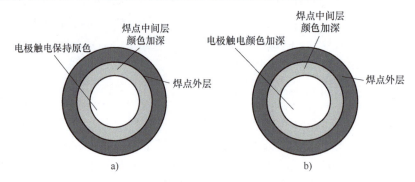

图 4-75 焊接电流影响焊点颜色的变化

a）电流正常　b）电流过大

3. 加压时间

电流停止后，焊接部位熔化的金属开始冷却，凝固的金属形成了圆而平的焊点。焊点施加的压力合适会使焊点的结构非常紧密，有很高的机械强度。加压时间是一个非常重要的因素，时间太短会使金属熔合不够紧密，焊接操作时的加压时间一般不少于焊机说明书上的规定值，如图4-76所示。

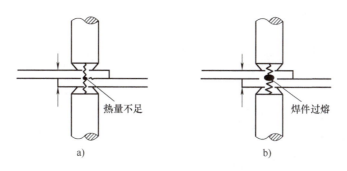

图4-76 加压时间对焊点的影响

a）加压时间太短 b）加压时间太长

（三）电阻点焊的影响因素

影响点焊质量的因素有很多，除了电极压力、焊接电流和加压时间外，其他如电极头的状态、焊钳装配情况、焊件的材料与清洁程度等，都会对电阻点焊造成影响。

1. 焊点间距

焊点的间距越短，其焊接强度越强，但是实际上是有限的，因为焊点间距短于某种限度时，焊接电流会经由上一个焊点导走、泄漏，如图4-77所示，所增加的焊点不再具有增强焊件连接强度的作用，反而会适得其反。此电流称为无效分流，此现象称为架桥效应。由此可知，焊点的间距一定要跨出电流的泄漏区。

焊点间距的计算公式为

$$D = 10t + 10$$

式中 D——焊点间距（mm）；

t——焊件厚度（mm）。

一般而言，焊点的间距应该控制在20~30mm范围内，如图4-78所示。

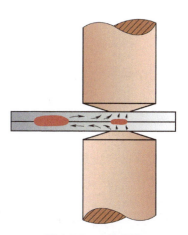

图4-77 电流分流

2. 焊件清洁度

焊件表面若有凹凸不平及氧化物、杂质等时，因接触面上的电阻均由其焊件表面状况来决定，所以也直接影响到热源。焊件凹凸的表面在一定限度内对电阻焊是有利的，可减少接触面使单位时间内加大热能。然而焊件上的生锈、油污、灰尘及油漆会妨碍电流流入焊件，造成焊接困难，如图4-79所示。

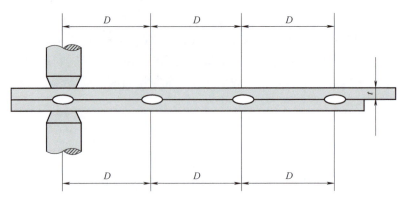

图 4-78 焊点间距

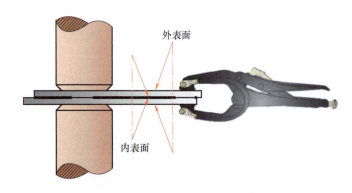

图 4-79 焊件内外表面清洁度

3. 焊件材料

现代车身多采用新型材料来制造，也有采用多种材料的组合。进行不同厚度、不同材质的车身构件对电阻点焊有均较大的影响，图 4-80 所示为三种不同情况下的车身接合。

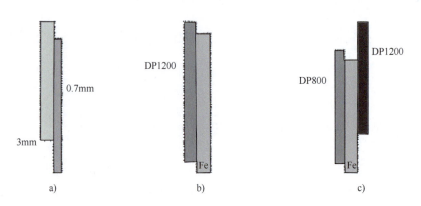

图 4-80 三种不同情况下的车身接合
a）不同厚度 b）不同材质 c）不同厚度、不同材质

4. 焊件焊接表面的间隙

两个焊件表面之间的间隙应该越小越好,因为两个焊接表面之间的任何间隙都会影响电流的通过,如图4-81所示。不消除这些间隙也可进行焊接,但焊接部位将会变小而降低焊接的强度。因此,焊接前要将两个金属表面整平,以消除间隙,还要用一个夹紧装置将两者夹紧。

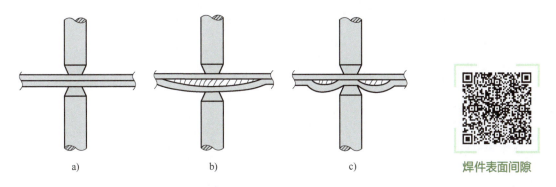

图 4-81 焊件表面的间隙
a)正确 b)错误 c)错误

焊件表面间隙

5. 焊件焊接表面的防锈处理

焊件在焊接之前除了要对表面的油污等清理干净,还应对焊件表面进行防锈处理,焊接前应该在需要焊接的金属板表面上涂一层导电系数较高的防锈剂。必须将防锈剂均匀地涂在所有裸露金属板上(包括金属板的端面上),如图4-82所示。

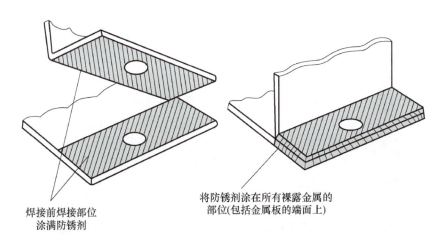

图 4-82 焊件焊接表面的防锈处理

6. 三层焊件电阻点焊

在三层板件构造的部位上更换新板件时,点焊位置应在原有的焊接点上进行,若不遵循这个原则,将造成焊接不良的结果,如图4-83所示。

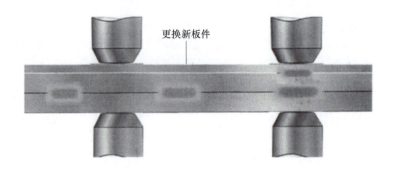

图 4-83　三层焊件电阻点焊

7. 焊点数量

修理用的电阻点焊机功率一般小于制造厂的电阻点焊机功率。因此，和制造厂的点焊相比，在修理中进行点焊时，应将焊点数量增加 30%，如图 4-84 所示。

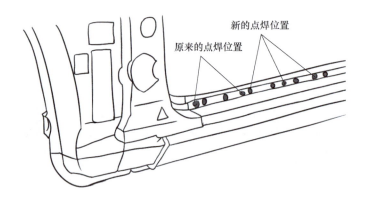

图 4-84　焊点数量

8. 电流的调整

在电阻点焊焊接时，电流流过第一个和第二个焊点的电流不同，特别是在两层板之间有防锈剂导致导电系数的降低后，第二点流过的电流会小一些，造成第二个焊点的强度下降，如图 4-85a 所示。如果电流调大后焊接，会造成第一个焊点电流过大，如图 4-85b 所示。所以规范的焊接方式应该在正常焊完第一个焊点后，把第二个焊点的电流调大一些，才能得到两个焊接强度一致的焊点，如图 4-85c 所示。

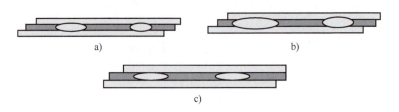

图 4-85　焊接电流的调整

9. 点焊的顺序

在进行电阻点焊作业时，不要只沿着一个方向连续地进行焊接操作。这种方法会使电流产生分流而降低焊接质量。应按图 4-86 所示的正确顺序进行焊接。当电极头发热并改变颜色时，应停止焊接使其冷却。

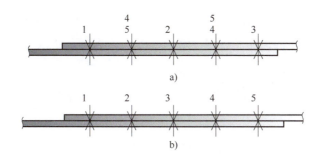

图 4-86　点焊焊接顺序

a）焊接顺序正确　b）焊接顺序错误

（四）电阻点焊机设备

电阻点焊机由变压器、控制面板和带有可更换电极臂的焊炬构成，如图 4-87 所示。

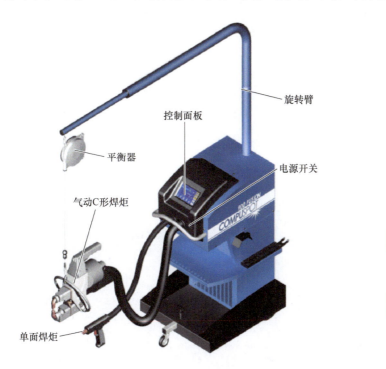

电阻点焊机

图 4-87　电阻点焊机

1. 变压器

变压器将低电流的 380V 车间电路电流转变成低电压（2~5V）、高电流的焊接电流，避免了电击的危险。小型电阻点焊机的变压器可安装在焊炬上，也可安装在远处，通过电缆和焊炬相连。安装在焊炬上的变压器电效率高,变压器和焊炬之间焊接电流损失很小。焊炬和变压器分离的电阻点焊机的变压器功率必须较大,而且要使用较大的电路电流,以补偿连接变压器和焊炬长电缆所造成的电力损失。当使用加长型或宽距离的电极臂时,高强电流会由于电缆线长度增加而降低。可调整电阻点焊机上的控制器,将输出的电流调高。电阻点焊机变压器如图 4-88 所示。

变压器电流与电压的关系为

$$\frac{U_1}{U_2} = \frac{I_2}{I_1} = K$$

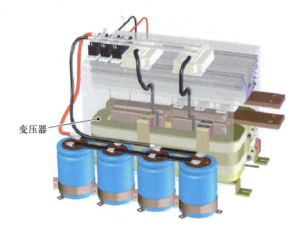

图 4-88　电阻点焊机变压器

式中　U_1——一次电压,即是电阻点焊机的额定电压(V);
　　　U_2——二次电压,即是电阻点焊机焊接时电压(低电压)(V);
　　　I_1——一次电流,即是电阻点焊机的额定电流(A);
　　　I_2——二次电流,即是电阻点焊机焊接时电流(高电流)(A);
　　　K——变压比。

现今汽车后市场维修领域采用的双面点焊机多为 380V 32A 额定电源。在进行车身构件焊接时,焊机输出的电流大约在 7000A 及以上,因此根据变压器电流与电压的关系得知焊接时电压为

$$U_2 = \frac{U_1 I_1}{I_2} = \frac{380 \times 32}{7000} = 1.74 \approx 2 \text{（V）}$$

2. 焊炬

焊炬通过电极臂向被焊金属施加挤压压力,并流入焊接电流。大多数电阻点焊机都带有一个加力机构,可以产生很大的电极压力来稳定焊接质量。这些加力机构是由气缸产生压力的气动夹紧装置。图 4-89 所示为气动 C 形焊炬。

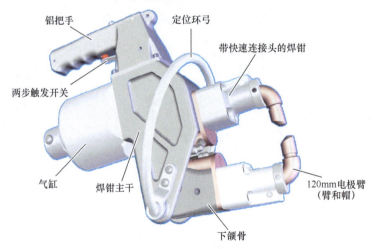

图 4-89　气动 C 形焊炬

气动 C 形焊炬有一个传动装置能使电极臂张开得更大而得到更好的接触,并配有两步触发开关,如图 4-90 所示。

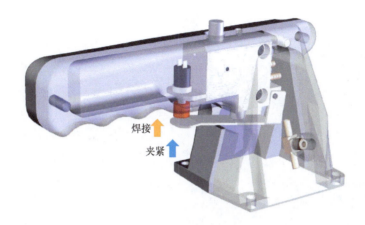

图 4-90 两步触发开关

第一步:开动气体压力,闭合电极头并且使用气体压力调节器进行调整。
第二步:起动电流并且使用面板按钮来调节焊接电流和焊接时间。
通过夹钳的外来压缩空气不断制冷,使工件逐渐冷却。压力调节器对冷却空气的输出量无影响。
第二步的操作是非常重要的,在电极上的电流停止后再按下扳机 3s 来提供压力。
电流关掉后,电阻点焊机发出"哔"的声音。在"哔"声停止后再停止提供压力,才表明焊接过程结束。这种焊接时间顺序有助于在压力下降时将金属熔化在一起,并能产生较高的焊接质量。

3. 电阻点焊机控制面板

电阻点焊机控制面板用于调节变压器输出焊接电流的强弱、焊接板材的厚度及涂层、焊接板材的数量,并可以精确调节出焊接电流通过的时间。在焊接时间内,焊接电流被接通并通过被焊接的金属板,然后电流被切断,如图 4-91 所示。

电阻点焊机控制面板应能够进行全范围的焊接电流调整。焊接电流的大小由需要焊接金属板的厚度和电极臂长度来决定。当使用缩短型电极臂时,应减小焊接电流;而当使用加长型或宽距离的电极臂时,应增大焊接电流。

现在市场上有些电阻点焊机可以自动测量焊接金属的厚度、电阻并确定其性能和表面涂层,达到不需要人工调节焊接电流、焊接时间及挤压力可以直接进行焊接的功能。多数为只需要设置焊接板件厚度、选择好焊接任务就可以直接进行焊接,无须设置焊接电流、电极挤压力及焊接时间。

4. 电极臂

用于整体式车身修理的电阻点焊机带有全范围的可更换电极臂装置(图 4-92),能够焊接车身上各个部位的板件。各种电极臂的选用可以焊接汽车上大多数难以焊接的部位,如轮眉边缘、流水槽、后灯孔,以及地板、车门槛板、窗洞、门洞和其他焊接部位。修理人员在修理车身时,应查阅修理手册寻找合适的专用电极臂,以便对汽车上难以焊接的部位进行焊接。

图 4-91 电阻点焊机控制面板

A—冷却系统开关和 USB 硬件检测符号　　B—减号键
C—功率调整键　　D—压力调整键
E—焊接时间调整键　　F—增加键
G—选择电极和焊接臂菜单　　H—选择焊炬和焊钳
I—基本模式、预定模式、数据模式和智能模式的选择键
J—用户菜单选择键　　K—一般菜单设置键
L—焊接作业任务显示（制造商、模式、年份、任务编号）

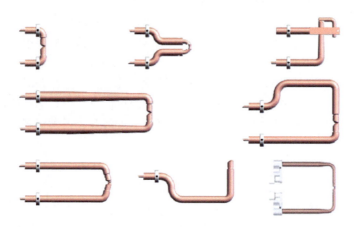

图 4-92 全套电极臂

5. 电极头

电极头是安装在电阻点焊机电极臂顶端的消耗性配件,如图 4-93 所示。在进行焊接时直接接触车身,用于保护电极臂免受损伤。

图 4-93　电极头

(五) 电阻点焊机的调整

为了使点焊部位有足够的强度,在进行操作前,请按下列步骤对电阻点焊机进行检查和调整:

1. 选择电极臂

电阻点焊机一般都配有可更换的电极臂装置,在进行车身修理时可根据修理的需要以及修理部位的具体情况进行电极臂的更换。各种不同的电极臂都有其不同的用途,特别是对车身一些难以焊接的部位,必须更换合适的电极臂进行焊接作业,才能够达到预期的要求。维修作业时,如果分辨不清楚使用哪一种电极臂,可以查询汽车维修手册寻找合适的专用电极臂,以便于对车身难以焊接的部位进行焊接作业。

电极臂选择正确,可以有效地保证点焊部位有足够的强度,在进行操作之前,应该对电阻点焊机进行检查和调整。在选择电极臂时,要尽量考虑选择较短的电极臂。各个电极臂可焊接位置如图 4-94 所示。

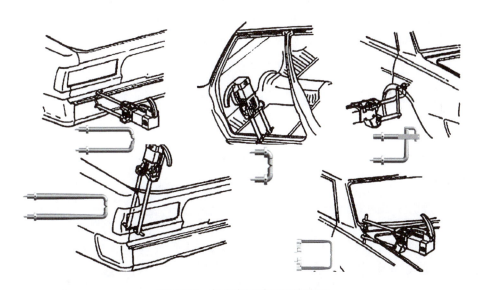

图 4-94　各个电极臂可焊接位置

2. 调整电极臂

调整电极臂是为了获得最大的焊接压力,焊炬的电极臂应尽量缩短。要将焊炬电极臂和电极头完全上紧,使它们在工作过程中不能松开。

3. 调整电极头

调整电极头时,应该将上、下两个电极头对准在同一条轴线上。电极头对准状况不好将引起加压不充分,会造成电流过小,导致焊接部位的强度降低,如图 4-95 所示。

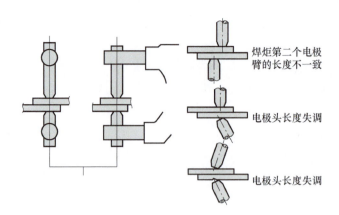

图 4-95　调整电极头

4. 电极头直径的选择

电阻点焊机电极头的类型如图 4-96 所示。电极头直径与焊点的直径有着直接的关系，电极头直径增加，焊点的直径将减小。电极头直径小到一定值以后，焊点的直径将不再增大。必须选择适当的电极头直径，以便获得理想的焊接深度，确定电极头直径的方法如图 4-97 所示。

在开始操作前，注意电极头直径是否合适，然后用锉刀将它锉光，以便清除掉电极头表面的燃烧生成物和杂质。当电极头端部的杂质增加，该处的电阻也随之增加，这将会减小流入母材的电流并减小焊接熔深，导致焊接质量下降。连续焊接一段时间以后，电缆线和电极头端部会因为散热不好而造成过热。这将使电极头端部过早地损坏而增大电阻，并引起焊接电流急剧减少。

图 4-96　电阻点焊机电极头的类型

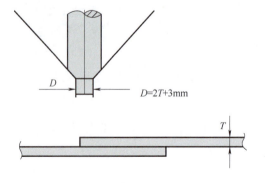

图 4-97　确定电极头直径的方法
D—电极头的直径　T—板材厚度

电阻点焊机的调整

如果电极头端部损坏,要用电极头端部清理工具进行整形,如图 4-98 所示。电极头的状况对焊接质量有决定性的影响。因此,尤其是在焊接高硬度板材和镀层板材时,最迟应在点焊 50 个点后再次铣削或更换电极头,如图 4-99 所示。

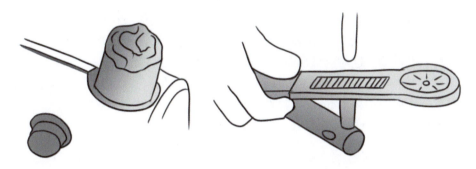

图 4-98 用专用工具对电极头端部进行整形

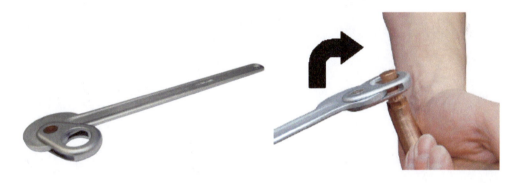

图 4-99 用专用工具对电极头进行更换

5. 调整电流流过电极头的时间

电流流过的时间也和焊点的形成有关。当电流流过的时间延长时,所产生的热量增加,焊点直径和焊接熔深随之增大,焊接部位散发出的热量随着通电时间的延长而增加。经过一定的时间后,焊接温度将不再增加,即使通电时间超过了这一时间,点焊直径也不会再增大,有可能产生电极端部的压痕和热变形。

根据金属板的厚度来调节电极臂的长度及焊接时间,一般能得到比较好的焊接效果。现在电阻点焊机的操作说明书上大都已经列出了这些数据,操作时可以根据操作说明书上的数据进行调整,应该对金属样片进行试焊,然后再检验焊接质量来调整焊接参数。

对车身上的防锈钢板进行焊接时,应将焊接普通钢板的电流提高 10%~20%,以弥补电流的损失。一般简单的电阻点焊机如果无法调节电流,可适当延长通电时间。一定要将防锈钢材和普通钢材区别开,因为在进行打磨准备焊接时,防锈钢板上的锌保护层不能和油漆一起被清除掉。

(六)电阻点焊机的操作

点焊的焊前准备工作必须要细致,否则若因为接合强度不足而造成返工,常常需要将不合格的焊点熔核打磨掉。

（1）焊件的清洁　点焊板件的清洁部位不仅仅在两个焊件之间，与点焊电极的接触点同样也需要认真地打磨干净。对于不便清理的油污，可以采用火焰法清除，再将板件表面用钢丝刷或者钢丝轮打磨干净，应尽可能不损坏镀锌的表面。

（2）调整焊接电极臂或者C形焊臂　电阻点焊机在使用前应该根据车身焊接部位选择合适的电极臂或者C形焊臂，并且检查电极臂是否装配牢固，确保焊钳上所装电极臂的位置正确、装配状态正确，这对电极压紧力和电流通过的能力都有影响。

（3）电源连接　将电阻点焊机连接到380V 32A电源插座上，建议配置防爆插座，且确保供电电源导线横截面不小于$6mm^2$，电网熔丝不小于32A，如图4-100所示。

（4）气源连接　将电阻点焊机连接到车间压缩空气，如图4-101所示，确保车间压缩空气供气气压有8~10bar（1bar=101kPa），如果压力太小会导致飞溅严重，且焊接点会被烧穿。

图4-100　电源连接

图4-101　气源连接

（5）检查冷却液液位　电阻点焊过程将产生较大的热量，多数电阻点焊机是通过冷却液进行电极及内部发热元件的冷却，保证电阻点焊机不会因为过热停机或者损坏内部电子元件，所以操作前务必检查电阻点焊机的冷却液液位，不能低于液位刻度线的"min"处。

（6）选择合适的焊接模式　选择模式菜单中的焊接模式：智能模式、数据模式、辅助模式等，如图4-102所示。

（7）选择焊钳及电极臂　根据使用的焊钳及安装完毕的电极臂，在菜单中选择对应的焊钳及电极臂，如图4-103所示。

（8）选择焊接板件的材质、涂层、数量及调整焊接板件的厚度　操作者首先需要轻按显示屏选项，选择正确的金属片数（2或3片），再选择焊接板件的材质、涂层和厚度，如图4-104所示。焊接程序可以根据金属片数自动选择焊接电流、焊接时间及电极压力。

（9）焊接　将焊件的相互位置确定并用专用工具夹紧后，即可按照计划分布的熔核施焊。

项目四　车身焊接作业

图 4-102　焊接模式选择

图 4-103　焊钳及电极臂选择
M—焊钳选择　N—电极臂选择

图 4-104　焊接板件的材质、
涂层和厚度选择

（七）电阻点焊机的焊接质量检验

焊点质量的检验可采用外观检验（目测）或破坏性试验。破坏性试验用于检验焊接的强度，而外观检验则是通过外观判断焊接质量。

1. 外观检验

除用肉眼看和手摸来检验焊接处的表面粗糙度外，还有下列项目需要检验：

141

（1）焊接位置　焊点的位置应在板件边缘的中心，不可超过边缘，还要避免在原有焊接过的焊点位置进行焊接，如图4-105所示。

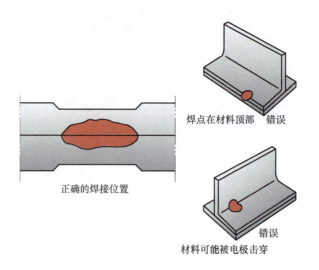

图4-105　焊接位置

（2）焊点的数量　焊点的数量应大于汽车制造厂焊点数量的1.3倍。例如，原来在制造厂点焊的焊点数量为4，4的1.3倍大约为5个新的修理焊点。

（3）焊点间距　修理时的焊接间距应略小于汽车制造厂的焊接间距，焊点应均匀分布。间距的最小值，以不产生分流电流为原则，如图4-106所示。

图4-106　焊点间距

（4）压痕（即电极头压痕）　焊接表面的压痕深度不能超过金属板厚度的一半，电极头不能焊偏产生电极头孔。

（5）气孔　不能有肉眼可以看见的气孔。

（6）溅出物　用手套在焊接表面擦过时，不应被绊住。

2. 破坏性试验

（1）扭曲试验　对于焊件焊接质量进行检验时，可以取一块和需要焊接的金属板同样材料、同样厚度的试验板件，按图4-107所示的位置进行焊接。然后，按图4-108所示箭头所指的方向施加力，使焊点处分开。根据焊接处是否整齐地断开，可以判断出焊接质量的好坏。

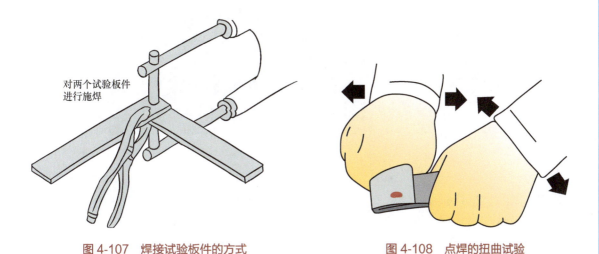

图 4-107　焊接试验板件的方式　　　　　图 4-108　点焊的扭曲试验

（2）撕裂试验　使用錾子对焊接好的点焊进行剥离撕裂试验，如图 1-109 所示，撕裂后在其中一焊片上留有大于焊点直径的孔，如图 1-110 所示。如果撕裂后留下的孔过小或根本没有孔，说明焊点的焊接太低，需要重新调整焊接参数。

图 4-109　点焊的撕裂试验

电阻点焊破坏性试验

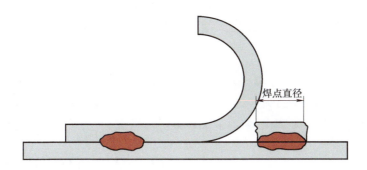

图 4-110　点焊的撕裂效果

（3）拉伸试验　通过使用拉力试验机对焊接好的板件进行拉伸测试，因为焊接熔点的尺寸和材料的质量决定焊点的强度，如图 4-111 所示。

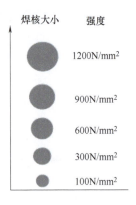

图 4-111　点焊的拉伸试验

3. 非破坏性试验

在一次点焊完成后，可以使用錾子和锤子按照下述方法检验焊接的质量：

1）将錾子插入焊接的两层金属板之间（图 4-112），并轻敲錾子的端部，直到在两层金属板之间形成 2~3mm 的间隙（当金属板的厚度约为 1mm 时）。如果这时焊点部位仍保持正常没有分开，则说明所进行的焊接是成功的。这个间隙值由点焊的位置、凸缘的长度、金属板的厚度、焊接间距和其他因素决定。这里给出的只是参考值。

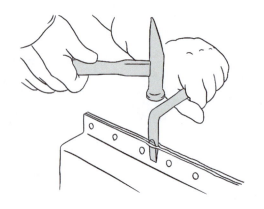

电阻点焊非破坏性试验

图 4-112　非破坏性试验

2）如果两层金属板的厚度不同，操作时两层金属板之间的间隙限制在 1.5~2mm 范围内。如果进一步凿开金属板，将会变成破坏性试验。

3）检验完毕后，一定要将金属板上的变形处修好，如图 4-113 所示。

（八）电阻点焊机的焊接缺陷分析

电阻点焊会由于各种原因造成焊接缺陷，见表 4-4。

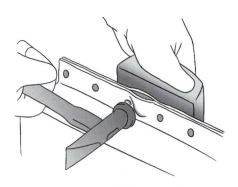

图 4-113　修复金属板的变形

表 4-4 电阻点焊焊接的缺陷分析

焊 接 缺 陷	焊接缺陷图示	原　　因
焊接熔点太小		电流不够，压力太大，焊接时间太短
内部的焊渣太多	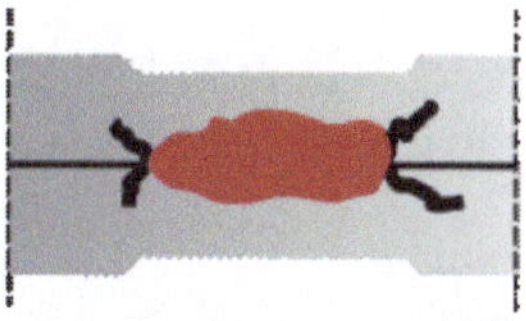	电流过大，压力不够，表面不清洁
气孔	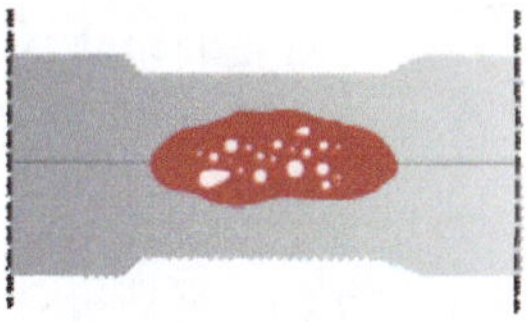	压力不够，保持时间不够
裂缝	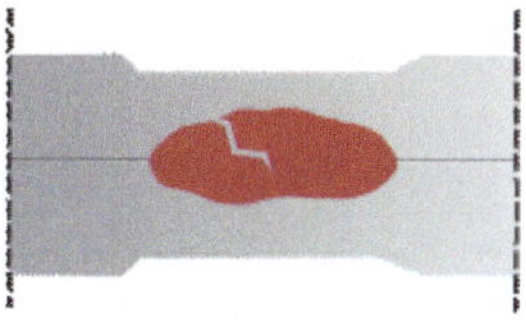	压力不够，电极形状不正确
间隙过大	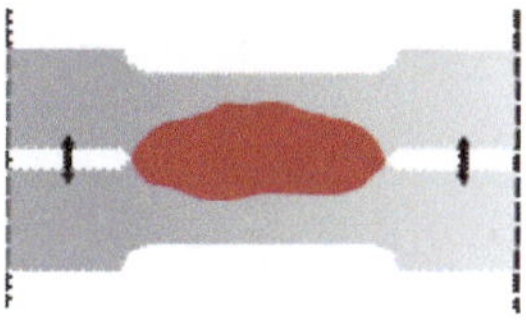	压力过大，电流过大，电极头部太尖
断裂	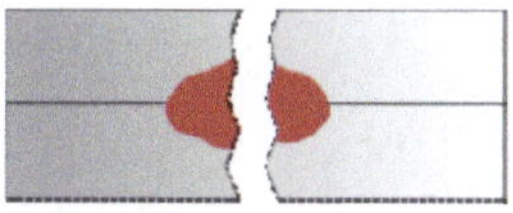	电流极度过大，压力极度不足

（九）点焊的其他功能

在车身修理中挤压式焊炬的应用最为广泛，而且还会配有其他的辅助工具来完成车身板件修复等的功能，一般都具有车身外形修复机的功能，可进行单面点焊，螺钉、垫圈、星形垫片焊接，热收缩等操作。

在车身接合作业中，尽量采用双面点焊的方法。对于无法进行双面点焊的部位，可采用气体保护焊焊接中的塞焊法来焊接，而不能用单面点焊来焊接结构性板件。在进行单面点焊焊接操作时，将带有两个电极的焊炬安放在非结构性的板件上。先按照制造厂的规定进行调整，然后将两个电极推向板件，并施加适当的压力，使所有的缝隙闭合。按下焊接按钮开关，并一直按到焊接周期自动结束，然后将手指从焊接按钮上松开，再将电极移动到下一个焊接位置。

在进行单面点焊时，还应注意以下几点：

1）和所有的点焊一样，应彻底清洁焊缝的表面。如果新的替换件上面涂有底漆，要用粗砂纸磨掉金属板两面的底漆，并沿着焊缝打磨。如果金属板上涂的不是底漆而是防锈薄膜，只需用干净的抹布蘸一些溶剂将焊缝的两边擦拭干净即可。

2）用大力钳将所有的凸缘接头固定在一起。焊接部位应该靠近钳口处。

3）对于搭接接头，可用一些金属薄板螺钉对金属板进行定位，然后进行点焊，注意要去除接头的油漆等污物，才可以进行焊接操作。

4）在较长的拼接件上进行点焊时，要先从金属板的中间开始，然后沿着一个方向进行焊接。例如，从金属板的中间开始到门柱，然后再从中间开始到后灯部位进行焊接。这样会防止金属板的变形。

5）要清除新切割金属板上的飞边，以确保两层金属板之间能够良好地接触，飞边和凹痕会使两个相互配合的工件之间产生间隙，妨碍金属间的可靠接触。在有些部位还可采用双电极的单面点焊来进行焊接。不管单电极还是双电极的单面点焊都只能用在非结构性的工件焊接上，不能用于结构性工件的焊接。

对于电阻点焊机所具有车身的外形修复机的功能，与外板件修复课程所介绍的车身外形修复机操作上没有区别。

任务实施

（一）作业准备

1. 设备器材

双面点焊机（电阻点焊机）、工作桌、台虎钳、拉力机、錾子、手顶铁、钣金锤、车身模拟板件、试焊片、钣金锉刀、钢直尺、划线工具、环带打磨机等。

2. 场地设施

汽车钣金实操实训场地。

3. 耗材

干净抹布、锌粉剂、打磨砂纸。

4. 防护用品

工作服、工作鞋、焊接防护手套、护目镜、耳塞、防护面罩、防毒口罩等。

（二）工作计划

1）先将同学分为四组，在理实一体化的教室，采用讲授法、视频观摩法等方法学习汽车原厂车身电阻点焊接合工艺及设备，同时学习现代车身钢板材料对维修用移动式电阻点焊机的要求。再传授电阻点焊机的焊接原理、焊接时的影响因素等理论知识，让学生认识到电阻点焊的基本理论知识。

2）每四个同学一组，使用一台电阻点焊机，学习其界面的操作和基本参数的调节，再打磨试焊片进行试焊操作，进行破坏性试验检测焊接参数调节是否合适，基本焊接参数调节完成后就可以进行车身模拟板件的电阻点焊作业了。

（三）实施工作

1. 安全防护穿戴

2. 调整双面电阻点焊机

1）选择电极臂。

电极臂选择正确，可以有效地保证点焊部位有足够的强度，在进行操作之前，应该对电阻点焊机进行检查和调整。在选择电极臂时，要尽量考虑选择较短的电极臂，各个电极臂可焊接。下面的电极臂分别是什么类型的？

2）调整电极臂。

为了获得最大的_____，焊炬的电极臂应_____。要将焊炬电极臂和电极头完全上紧，使它们在工作过程中不能松开。

3）调整电极头。

调整电极头时，应该将上、下两个电极头对准在同一条轴线上。电极头对准状况不好将引起_____，会造成_____，导致焊接部位的强度降低。

4）电极头直径的选择。

电极头直径与焊点的直径有着直接的关系，电极头直径增加，焊点的直径将_____。

5）调整电流流过电极头的时间。

当电流流过的时间延长时，有可能产生电极端部的_____和_____。

6）模式选择。

根据不同的板材厚度和材质、板件层数需要选择不同的模式。

7）焊接作业。

8）修整完毕，整理工位，5S 管理。

任务练习

1. 判断题

1）在车身制造中，电阻点焊接合工艺应用最为广泛，在轿车车身上电阻点焊占据 75%。
（　　）

2）在电阻点焊作业前，只需要佩戴焊接防护手套即可。（　　）

3）在焊接作业前，应该检查电极头的状况。（　　）

2. 填空题

1）当用錾子检验电阻点焊焊接的两个1mm厚度的板件时，錾开的缝隙是_____。

2）电阻点焊焊接三要素为_____、_____和_____。

3）电阻点焊焊接熔点太小，产生的原因为_____。

4）由于电阻点焊机的焊炬是靠压缩空气驱动的，在连接车间压缩空气时，需要保证压缩空气的压力至少为_____。

5）电阻点焊时产生热量的公式为_____。

3. 单选题

1）在进行车身电阻点焊作业时，两个焊点的间距一般为（　　）。
　　A. 10~15mm　　　　　　　　B. 20~30mm
　　C. 15~20mm　　　　　　　　D. 30~40mm

2）车身待焊板件厚度为1mm，电极头的直径应该为（　　）。
　　A. 5mm　　　　　　　　　　B. 4mm
　　C. 3mm　　　　　　　　　　D. 6mm

3）连接电阻点焊机电源插座供电电缆的规格不小于（　　）。
　　A. $5 \times 2.5mm^2$　　　　　　　B. $5 \times 4mm^2$
　　C. $5 \times 6mm^2$　　　　　　　　D. $5 \times 10mm^2$

4）原厂车身电阻点焊焊点的数量为8个，在维修作业时，电阻点焊焊点的数量应该为（　　）。
　　A. 15　　　　　　　　　　　B. 9
　　C. 24　　　　　　　　　　　D. 10

5）在电阻点焊焊接作业时，操作人员不应该佩戴的有（　　）。
　　A. 焊接防护手套　　　　　　B. 防护面罩
　　C. 手机　　　　　　　　　　D. 防毒口罩

6）电阻点焊正确的焊接顺序为（　　）。
　　A. 1-2-3-4-5　　　　　　　　B. 1-5-2-4-3
　　C. 1-3-4-5-2　　　　　　　　D. 1-2-4-3-5

任务评价

评价指标		学生自评（30%）	小组互评（30%）	教师评价（40%）
素质评价（20%）	劳动态度（4分）			
	工作纪律（4分）			
	安全操作（4分）			
	环境保护（4分）			
	团队协作（4分）			

（续）

评价指标			学生自评 （30%）	小组互评 （30%）	教师评价 （40%）
技能评价 （80%）	工具使用（10分）				
	任务方案（10分）				
	实施步骤 （40分）	安全防护穿戴			
		电极臂选择			
		电极臂调整			
		电极头调整			
		参数调整			
		焊接			
		6S管理			
	完成结果（10分）				
	作业完成（10分）				
本次得分					
最终得分					

教师签名：_____

日期：_____年____月____日

项目五　车身板件更换与维修

车身外部金属薄板的连接有些采用紧固件，如翼子板等部件的安装采用紧固件的方法既简单又快捷。为了正确对中，在紧固螺栓前需要检查和测量相接的和相邻的板件。当有螺栓孔与新板件的螺栓孔不同心、板件之间的缝隙不均匀整齐等问题时，要调整或校正相关联的板件。车身上大部分板件采用焊接连接，焊接更换新板件时要求做大量的准备工作，要小心地校正。

整体式车身部件分割时，一般在接缝处进行更换。但当有许多必须分离的接缝在车辆未受损伤的区域时，如果全部更换费用太高，就需要进行局部切割进行更换，如对梁、立柱和车门槛板进行分割部分更换，可使昂贵的修理费用降低。分割结构件，同时要保持防撞吸能区的完整，使修理区域的强度像撞击以前一样，再遭碰撞时还具有吸收碰撞的能力。

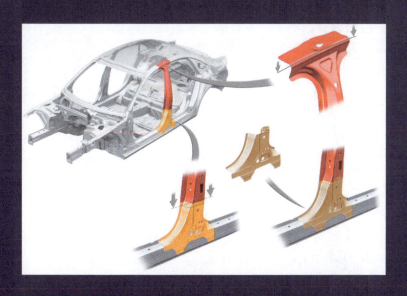

任务一
非结构性板件更换

任务目标

知识目标	1. 描述车身非结构性板件更换的基本步骤。
	2. 描述车身结构性板件更换的基本步骤。
能力目标	能够规范更换汽车车身板件与结构件。

知识准备

一、车身板件的更换

需更换构件的车辆先应对损伤区域校正修复,然后进行拆卸损伤钣金作业,做好新板件安装的准备工作。

(一)车辆的准备

1)磨掉点焊区域焊缝的痕迹。用钢丝刷从连接表面上清除掉油泥、锈斑、油漆、保护层及镀锌层等。不要磨削结构性钢板的边缘,否则会磨去金属使截面变薄,并削弱连接强度。还要清除板件连接表面后面的油漆和底漆,如图5-1所示,因为这些部位在安装时要用电阻点焊焊接。

2)在拆除旧板件时可能旧板件的边缘会变形,在进行新板件的配合前需整平板件配合处凸缘上的凹坑和凸起,如图5-2所示。通过整平要保证焊接时两层板件能够很好地配合,没有间隙。

图5-1 清除连接钢板表面的底漆

3)在油漆和腐蚀物已从连接面上清除、基体金属已经暴露的区域,应涂上可导电的防锈底漆,如图5-3所示。因为连接的表面再不能进行涂漆,所以焊接前要采用防锈底漆处理。

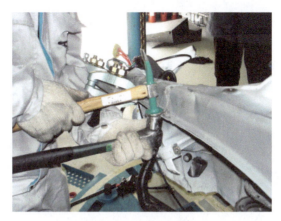

图 5-2　修整连接钢板

重叠部位的表面要涂刷点焊专用漆

图 5-3　焊接部位涂刷防锈底漆

（二）新板件准备

新板件在制造厂出厂的时候为了保证板件不受腐蚀，在板件的表面都会涂有一层防锈层，这些防锈层如果不进行清理，将会影响以后的焊接和修理质量，因此在新件与旧件配合前先要进行涂层清理，使新板件在焊接过程中焊接电流能够顺利地流过。对于不能进行电阻点焊的部位应该采用塞焊方法对板件进行牢固连接，新板件的准备可按照以下步骤进行：

1）用尼龙打磨机清除点焊区域两边的油漆，如图 5-4 所示。不要磨削到板件，并且不能使板件过热变成蓝色或开始变形。

图 5-4　清除点焊区域的油漆

2）焊接表面清除油漆层后，要涂刷防锈底漆，如图 5-5 所示。涂刷底漆时要小心，以防从连接表面上渗出。如果发生渗漏，在喷涂油漆时将有不利的影响，需要做额外的工作，因此要用浸有溶剂的布清除多余底漆。

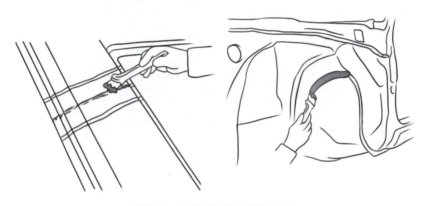

图 5-5　焊接部位涂刷防锈底漆

3）如果新钢板要切割成与现有钢板搭接的形状（图 5-6），需要采用气动切割锯或切割砂轮，或者其他工具，将新钢板粗切到需要的尺寸。钢板的搭接宽度应为 18~24mm。如果搭接部分太大，装配时板件的配合调整更困难。

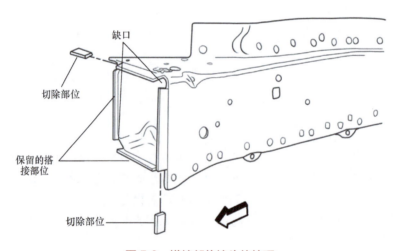

图 5-6　搭接部位接头的处理

（三）新板件的更换

在修理损坏较大的车身时，新的部件与车身匹配是非常重要的。板件不对中，将影响修理后车辆的外观和性能。

一般有两种基本的方法来定位车身板件：一种是用测量的方式，用测量工具来确定安装位置；另一种是目测的方式，通过新板件与周围板件之间的相互关系来确定位置。

车身下面的结构性板件，如汽车挡泥板和纵梁部件，其精确度对车轮的对中和驱动性能有直接的影响。因此，在整体式车身中更换结构性板件时，应使用准确测量定位的方法。结构性板件焊接就位之前，所有的测量数据都必须是精确的，每一块板件必须精确地定位。

新老外覆盖板件之间的相互配合，对车辆的外形有很大的影响。所以，无论是结构性板还是装饰性板的更换，重点都在于准确地配合。只有配合准确了，才能保证高质量车身修理所要求的精确与外观。

1. 更换前纵梁（结构性板件更换举例）

将车辆放在车身校正台上定位，拉伸和校正已损坏但不要求更换的板件。在更换板件以前，必须做好所有的板件校正工作，否则新的板件就无法正确安装。

校正完成后，将新板件安装到指定部位，用夹具将新的板件定位，使用测量系统检查新的板件与汽车上完好的板件是否对齐，新板件的测量点尺寸是否符合误差要求。经必要的调整后将新板件夹紧在正确的位置，然后将它焊到与之相配合的板件上。具体操作步骤如下：

1）拆除旧的板件。按照所属车型车身维修手册确认焊点位置和焊点数量。使用气动电阻焊点去除钻钻除所有电阻点焊焊点。依照各车型的车身维修手册确认钢板的组合形态后，选择钻头直径及钻除方向。使用錾子检查所有焊点的钻除情况，但不能施力于錾子上，以免使钢板裂开，如图 5-7 和 5-8 所示。

图 5-7　清除油漆

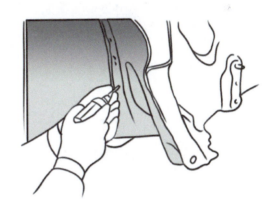

图 5-8　钻除焊点

2）车身准备。在钻除焊点时或剥离钢板所产生的飞边要磨平，如图 5-9 所示，注意不要把车身钢板磨薄。进行电阻点焊焊接的部位要清理干净，露出新的金属，如图 5-10 所示。

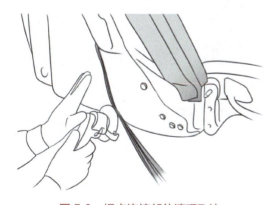

图 5-9　焊点连接部位清理飞边

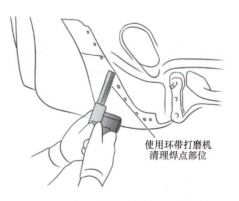

图 5-10　电阻点焊部位清洁露出新金属

3) 车身接合面清洁。用钢丝刷刷除钢板焊接部位周围的车身密封胶及底层漆。在清洁和去腊后，在车身钢板焊接的接合面涂抹点焊专用防锈底漆，如图 5-11 所示。

4) 新钢板焊点位置定位。在点焊或塞焊的位置做上不同的记号，如图 5-12 所示，以便于辨认，并在新的车身钢板上做记号（先决定两端的位置，再分配其余的焊点数）。如果用塞焊则先要在新板件上钻孔，如图 5-13 所示。

5) 新板件清洁。使用气动研磨机磨除实施点焊焊接部位的底漆，在磨除底漆的后表面上涂抹点焊专用底漆或者喷少许锌粉剂。

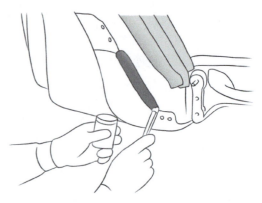

图 5-11 清理干净的焊接表面涂刷防锈底漆

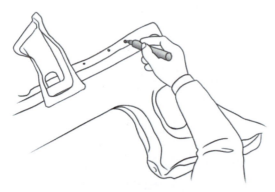

图 5-12 标出电阻点焊位置

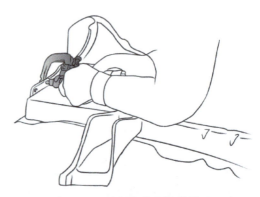

图 5-13 塞焊操作要提前钻孔

6) 将前挡泥板和边梁的装配标记对准，并用大力钳将它们夹紧。没有参考标记的零件，应根据旧件的相同位置来对比安装，如图 5-14 所示。

7) 暂时安装车身前横梁。用锤子和木块依次轻轻地敲击板件，使它按需要的方向移动，直至彼此相配。同时要用测量工具来确定安装部件的尺寸位置，如图 5-15 所示。

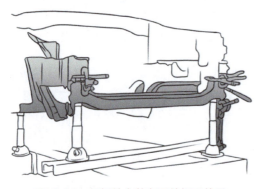

图 5-14 新板件安装在旧件相同位置

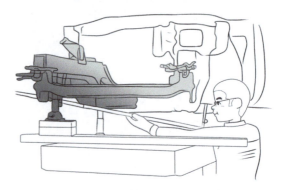

图 5-15 通过测量最终确定新板件位置

8) 假如测量尺寸与参考值相符，通过惰性气体保护焊点焊一个点，如图 5-16 所示，暂时安装前地板加强件。定位焊点应选择在容易拆除的部位。用划线针在不焊接零件的末端划一条位置线并钻一个小孔,用金属板螺钉将这些零件固定在一起。用划线针在挡泥板安装区域划一条线,但不将这些板件焊接在一起。

9)依照标准孔或旧零件的装配痕迹来暂时固定安装散热器框架,如图5-17所示。

图5-16 新板件定位焊

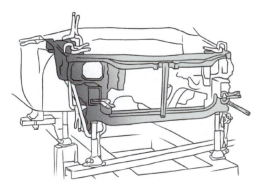

图5-17 安装散热器框架

10)调整尺寸,如图5-18所示。首先进行测量,来确定悬架上支座及前翼子板隔板前后端安装点的定位。检查零件与前照灯左右尺寸的差异,并调整到完美状态。

11)检查左右翼子板隔板上端的高度。用测量系统测量翼子板前、后安装孔与其他测量点的尺寸,调整到误差范围内。

12)组装车身覆盖件并检查装配间隙,利用发动机舱盖铰链和翼子板等的安装痕迹来实施组装,最后的安装间隙焊接后再调整。检查其与门是否正确配合,如果间隙不正确,这可能是由于挡泥板或侧支架高度在左右两边偏离。在此操作中必须判定安装间隙是否调整到范围内。图5-19所示为检查外覆盖件安装的配合间隙。

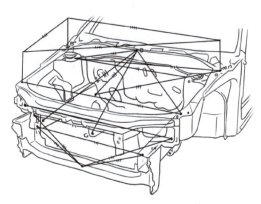

图5-18 根据标准数据调整尺寸

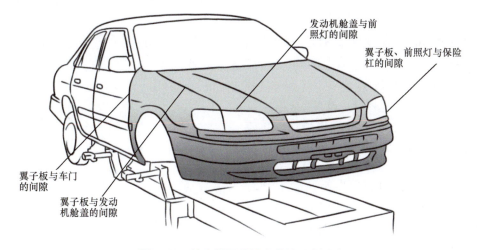

图5-19 检查外覆盖件安装的配合间隙

13）在焊接以前，要再一次核实所有的尺寸。使用测量系统对零件定位时，新零件上的测量点应与车身相对一侧上的零件相同，如果尺寸不匹配或不一致，必须校验参考点位置。

14）焊接新钢板，如图 5-20 所示。在焊接时应从强度较高的部位开始，焊接的两个板件要接合良好没有缝隙，焊接时要采用分段焊接，以减小焊接应力与变形。焊接后拆除焊钳，并重新测量。

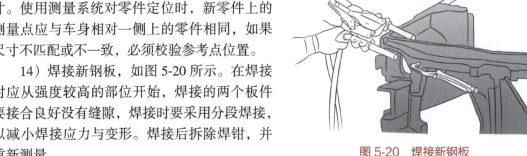

图 5-20　焊接新钢板

15）焊接表面处理，如图 5-21 所示。在有些部位能明显看到的焊点必须研磨至板件平齐，而要喷涂底层漆的部位只要稍微研磨修饰即可。钢板清洁及脱脂后在焊接部位或裸钢板上喷涂防锈底漆，如图 5-22 所示。

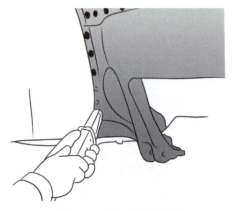

图 5-21　焊接表面处理

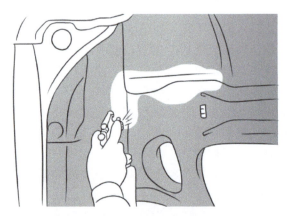

图 5-22　喷涂防锈底漆

16）在完成涂装后进行车身部件装配。先调整发动机舱盖的前后方向，再调整发动机舱盖和翼子板间的间隙，然后调整发动机舱盖高度，最后调整车门与翼子板的车身线高度和曲率。

2. 更换后侧围板（非结构性板件更换举例）

车身后侧围板属于车身覆盖件，由于它在车身上相对位置的精度并不十分重要，因此可以只用肉眼检查与相邻板件是否匹配，而不用像更换结构性板件那样精确地进行测量。外部板件更换着重的是在外观上的配合，车身轮廓线必须平齐，板件之间的间距必须均匀。

（1）焊点的清除　后侧围板更换的位置确定以后，首先就是要将原车上的电阻点焊焊点清除掉，由于车型的不同以及焊点位置的不同，在清除焊点时要选择合适的工具。清除焊点可以使用气动焊点去除钻来进行钻除焊点，并且针对不同的部位选择合适的工具与钻头直径，如图 5-23 所示。

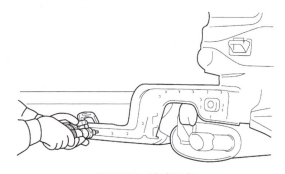

图 5-23　清除焊点

（2）后立柱（C立柱）的切割　后立柱的切割位置与切割是更换后侧围板的重要工序，在切割作业之前可以使用塑料样板规在后立柱外板划出切割线，然后使用气动切割锯在切割线上进行切割。在侧围板与车身的连接处如果是钎焊连接，先要检查钎焊的性质属于普通钎焊还是电弧钎焊，在后侧围板上大部分都是电弧钎焊，因此对钎焊部位加热，分离钎焊区。气动切割锯切割、钎焊的切割与分离如图5-24所示。

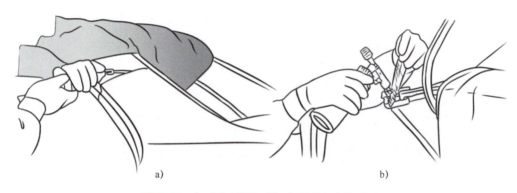

图5-24　气动切割锯切割、钎焊的切割与分离
a）气动切割锯切割分离板件　b）加热分离钎焊区域

（3）车身接合部位的修整　对于车身接合部位的修整是使用气动研磨机磨平焊点部位的多余金属，使金属平整，去除黏着物，如图5-25所示，对焊接面板件进行整修，涂刷点焊防锈底漆，如图5-26所示。

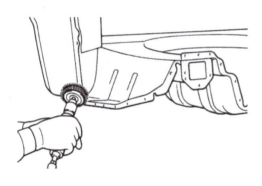

图5-25　用气动研磨机清洁

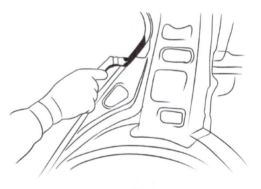

图5-26　涂刷点焊防锈底漆

（4）新板件的切割准备　新板件要根据更换的需要进行切割，可以用塑胶样板规刻划切割线，使用气动切割锯在切割线上进行切割，如图5-27所示。切割作业时要防止钢板变形。

（5）暂时安装后侧围板　新板件进行切割完成后，可以将它暂时安装到车身上，安装时可以使用大力钳将新板件夹紧到车身上，将后侧围板固定若干点，进行固定时要保证板件末端和边缘的完全匹配。

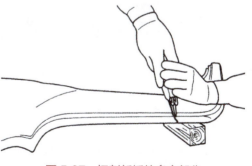

图5-27　切割新板件多余部分

（6）仔细调节新板件与周围板件相配合　新板件装上车身后，要对新板件进行调整，使新板件与车身周围其他构件间的间隙均匀一致，如图 5-28 所示。调整时先调整后侧围板与车门的间隙，然后再调整后侧围板与行李舱盖、后窗框间的间隙，调整后窗间隙时可以通过测量对角线的尺寸误差，若有差别，适当地进行校正，使后窗玻璃与窗孔相吻合。

图 5-28　后侧围板间隙的安装调整

（7）临时固定新板件　新板件与原车有关构件调整合适后，可以将新板件做临时固定。可以使用低速气钻配合小钻头在适当的位置钻一些小孔，然后使用自动攻丝螺钉将它固定，如图 5-29 所示。如果用台虎钳夹固定，将不能检验配合的正确性。调整车身轮廓线和板件的搭接处，使其与后围板及后部窗式框架相匹配。安装尾部组合灯，并使板件与灯组件配合。当每个部分的间隙、车身轮廓线和水平偏差都已经调整好时，用肉眼检查整体的扭曲和弯曲。

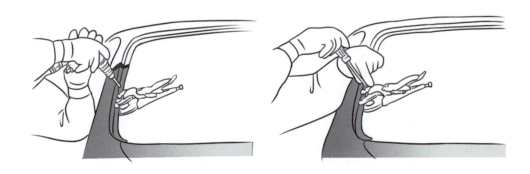

图 5-29　临时固定新板件

（8）切割搭接的板件　板件正确定位以后，用气动切割锯或切割砂轮切去位于连接区域的搭接部分。在分割区域进行切割时要精确，如果切割后出现间隙或板件搭接，将给下一步的焊接造成困难，如图 5-30 所示。

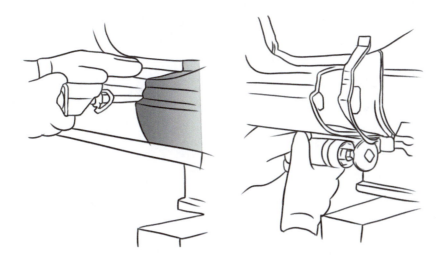

图 5-30 切割新板件的搭接部分

可以用以下的基本方法完成切割搭接：如果搭接得大，两块板件可以同时进行切割；如果搭接得小，可以用划线针在搭接板件的端部划一条直线，沿着所划的直线切割。此时板件应整齐地配合在一起，只应有小的间隙或者没有间隙。

搭接部分切割完成后，取下新板件，清除旧板件上的碎屑和异物等，然后围绕后侧围板的内周边涂上密封剂再用自攻螺钉将新板件按照原样装配并且进一步检查配合情况。

（9）焊接前处理 新板件与旧板件的匹配工作完成后，接下来进行焊接前的准备工作。首先将新板件用不同记号来辨别是要进行塞焊还是电阻点焊，先将实施电阻点焊部位的底漆磨除，对塞焊部位根据板厚度选择钻头来钻取塞焊所需要的塞孔。确保新板件与车身的接合面吻合间隙很好，在焊接处涂抹点焊防锈底漆。

（10）焊接新板件 焊接前准备工作完成后，即可对新板件进行焊接作业。要采用分段焊接，防止热变形和应力。新板件边缘部位焊接结束后对钎焊部位进行钎焊，如图 5-31 所示。

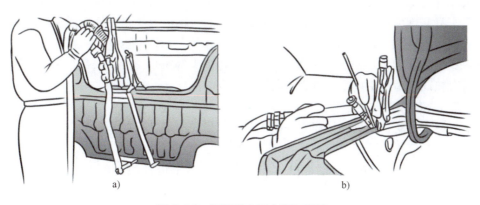

图 5-31 新板件电阻点焊和钎焊

a）电阻点焊　b）钎焊

（11）焊接接头的处理　焊接接头的处理直接影响车身的外观质量，因此在焊接完成后，应使用气动研磨机对表面的焊缝进行研磨，直到焊缝平滑。在没有底漆的部位实施清洁及脱脂工作，车身上涂抹车身密封胶并喷涂底层漆。

（12）调整装配间隙　更换作业完成后，应对车身构件装配间隙进行调整，首先调整行李舱盖的前后方向间隙，然后再调整行李舱盖的左右方向间隙，最后调整行李舱盖的高度，如图5-32所示。

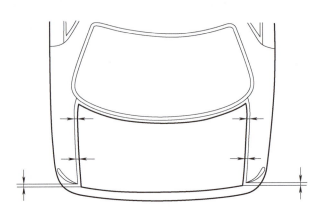

图5-32　调整装配间隙

（四）车身构件更换的防锈处理

汽车是一种户外的运动器具，在使用过程中会受到各种不同的腐蚀，在进行车身构件更换过程中防锈处理必须贯穿在整个维修作业中。在板件焊接之前，要先在连接处涂上导电底漆，在完成底漆层以前，焊缝必须用车身密封剂进行密封作业。更换完成后，必须对所有更换处的对接缝进行防锈处理，以防止水分浸入导致锈蚀。

二、车身结构件的更换

汽车车身上的结构件一般指的是汽车车身上的承重部件，如前纵梁、A立柱和B立柱等。主要工作任务就是在车身承重部件变形以后无法修复的情况下进行更换。第42届世界技能大赛车身修理项目模块B——"结构件更换"的考核内容为：更换左前纵梁前段及前照灯支架；第43届世界技能大赛车身修理项目模块B——"结构件更换"的考核内容为：更换左前纵梁总成，如图5-33所示；第44届世界技能大赛车身修理项目模块B——"结构件更换"的考核内容为：更换左前纵梁前段。

1. 施工操作前的准备工作

（1）佩戴安全防护用具　按照安全施工要求，操作者必须佩戴相应的安全防护用具，包括正确佩戴防尘口罩、耳塞、防护手套（棉纱手套），如图5-34所示。

（2）清洁板件　使用干净的擦拭抹布依次清洁各个板件的内侧以及外侧，如图5-35所示。

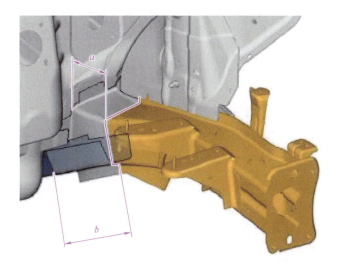

图 5-33　更换左前纵梁总成

图 5-34　防护用具

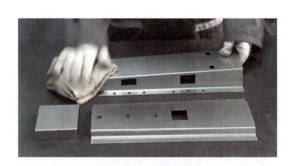

图 5-35　板件清洁

清洁板件

2. 划线定位

1）根据图样的施工要求，具体施工图样如图 5-36 所示，首先对板件进行划线定位。

2）依照施工图样的尺寸要求使用划线针以及钢直尺在板件上进行施工划线，如图 5-37 所示。

3. 切割定位

在板件的凹槽处衬垫合适厚度的木板，然后使用台虎钳对其夹紧定位，如图 5-38 所示。衬垫木板可以有效地减小板材定位时的变形与切割时的振动。

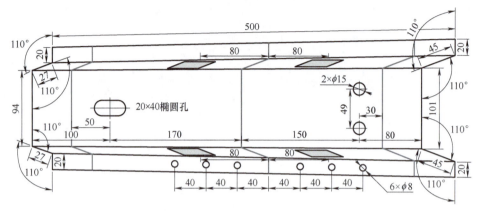

用红线标出的为切割线，使用气动切割锯切割
直径为8mm的圆孔用于塞焊和C板材组合
图中阴影填充的方框为塞焊和电阻点焊破坏孔，尺寸为25×40

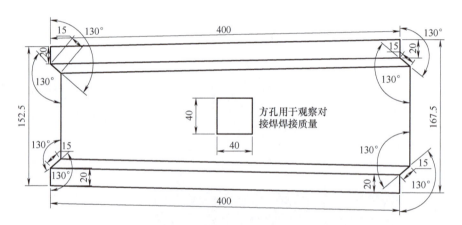

C板材：用于与A、B板材组合，尺寸单位：mm

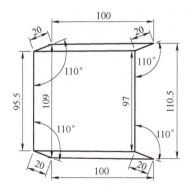

B板材：用于A板材的对接焊焊缝的衬板
材料厚度：1mm，尺寸单位：mm

图 5-36 施工图样

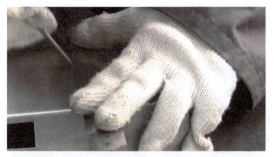

图 5-37 使用划线针以及钢直尺在板件上进行施工划线

划线定位

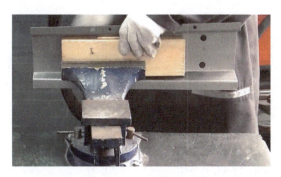

图 5-38 切割定位

切割定位

4. 切割板件

1）在切割作业前，操作人员必须佩戴防护面罩做好安全防护，防止切割作业时钢屑飞溅到脸部。

2）使用气动切割锯按照划好的线进行直线切割作业，切割一小段后，应该使用大力钳（四点或平嘴大力钳）固定住切割部位的上端再进行切割作业，以避免切割歪斜和多切而造成缺口缺陷，如图 5-39 所示。

图 5-39 使用气动切割锯按照划好的线进行直线切割作业

切割板件

3）切割完成后，先使用钢直尺测量切割后的尺寸，查看是否符合施工图样上的标准尺寸，再使用平锉修整切口，以将切口处出现的不平整飞边打磨平整，如图 5-40 所示。

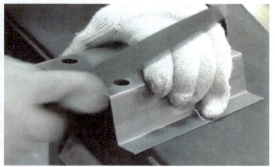

图 5-40　使用平锉修整切口

焊接前准备前已叙述。

5. 二氧化碳气体保护焊的试焊

1) 进行二氧化碳气体保护焊的试焊时，先使用大力钳将试焊片固定在焊接平台的支架上，再根据板材的厚度和材质，调节好合适的焊接电流和送丝速度，然后进行连续焊接的试焊、塞焊（填充焊）的试焊，如图 5-41 所示。

二氧化碳气体保护焊的试焊

图 5-41　连续焊接的试焊、塞焊（填充焊）的试焊

2) 焊接完成后，使用游标卡尺等工具检查焊接的质量，根据焊接的质量正确调节和修正焊接参数，如图 5-42 所示。

图 5-42　检查焊接质量

6. 对待焊板件进行定位

1) 使用大力钳（四点或平嘴大力钳）分别固定两个待焊的板件，两板件之间留 1~2mm 缝隙作为焊料填充区域，并使用 C 形大力钳将加强件（插入件）固定在两板件凹槽部位的接口处，如图 5-43 所示。

图 5-43　对待焊板件进行夹紧固定

2）使用游标卡尺测量并确认两板件之间的间隙（1~2mm），如图 5-44 所示。

3）使用记号笔以及钢直尺在板件上划出需焊接焊缝的长度，如图 5-45 所示。

图 5-44　用游标卡尺测量并确认两板件之间的间隙

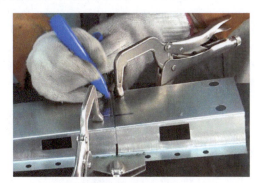

图 5-45　划出需焊接焊缝的长度

7. 二氧化碳气体保护焊焊接作业

1）选择二氧化碳气体保护焊机，将搭铁钳夹在待焊接部位的一侧，在需要焊接的部位实施连续焊接作业，并且检验焊接的质量，如图 5-46 所示。

图 5-46　连续焊接作业

2）将固定加强件（插入件）的 C 形大力钳释放移除，再使用大力钳将模拟 B 立柱的背板（C 板材）固定在板件的后方。

3）对板件的塞焊孔实施塞孔焊接作业，如图5-47所示，焊接顺序选择交叉跳焊，以减小焊接出现的热变形。

图5-47　塞孔焊接作业

8. 电阻点焊试焊

1）进行电阻点焊的试焊时，先使用大力钳将试焊片固定在焊接平台的支架上，再根据板材的厚度和材质，调节好合适的焊接电流、焊接时间和焊接的压力，再进行点焊试焊，如图5-48所示。

图5-48　电阻点焊试焊

电阻点焊试焊

2）先将试焊片垂直交叉放置，再进行电阻点焊焊接作业，如图5-49所示。焊接完毕后将焊接好的试焊片固定在台虎钳上进行破坏性试验，以检验焊接质量，在焊接质量良好的情况下，进行破坏性试验后，一个试焊片上会出现点焊焊点直径相当的孔洞，如图5-50所示。

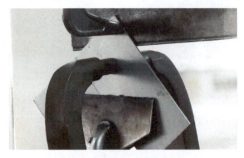

图5-49　试焊片垂直交叉放置进行电阻点焊焊接作业

图5-50　破坏性试验

9. 电阻点焊焊接作业

根据板件上的划线标记对两层板件进行电阻点焊焊接作业，焊接顺序选择交叉跳焊，以减小焊接出现的热变形，如图 5-51 所示。

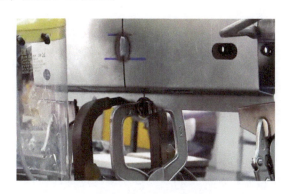

图 5-51 电阻点焊焊接作业

10. 焊接施工作业完成

焊接作业完成后，按照施工作业的要求对焊接后的板件进行焊接质量检验，如图 5-52 所示。

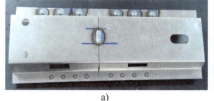 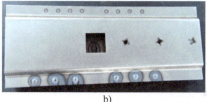

a) b)

图 5-52 焊接施工作业完成

a）焊接正面 b）焊接反面

任务实施

（一）作业准备

1. 技术要求与标准

车身板件更换根据车型原厂维修手册指导进行，车身模拟板件根据评分细则进行。

2. 设备器材

大梁校正仪、电子测量设备、辅助支撑系统、车型专用模具、钢卷尺、车身伸缩量尺、轨道式量规、气体保护焊机、双面点焊机、大力钳组、气动打孔钳、低速气钻、气动切割锯、气动高速砂轮机、环带打磨机、气动研磨机、焊点打磨机、双作用打磨机、气动焊点去除钻、防锈底漆喷枪、手动工具组、车身模拟板件、整体式车身、试焊片等。

3. 场地设施

汽车钣金实操实训场地、理实一体化教室。

4．耗材

钻头、打磨砂纸、切割砂轮片、气动切割锯锯片、干净抹布、防锈底漆、清洁剂、直径 6mm 及 8mm 的麻花钻头等。

5．防护用品

工作服、工作鞋、防护手套、护目镜、耳塞、焊接防护用具、焊接防护毯等。

（二）工作计划

1）将学生分为四组安排在理实一体化教室，通过传授法、视频观摩法等方法学习车身模拟板件更换的整个流程，再指导学生们学习车身前纵梁与车身后侧围板的更换流程以及注意事项。

2）将学生四人分为一组安排在汽车钣金实操实训场地，让学生们练习车身模拟板件的更换，同时在练习中不断指导，让学生能够熟悉车身模拟板件更换的整个流程。

3）在学生能够熟悉车身模拟板件更换的整个流程后，以四个学生一组在整体式车身上练习前纵梁的切割与更换以及后侧围板的切割与更换。

（三）实施工作

1．安全防护穿戴

2．更换后侧围板

1）焊点的清除。

焊点清除的最佳工具是＿＿＿＿＿＿＿＿＿＿＿＿＿＿＿＿＿＿＿＿＿＿＿＿＿＿＿。

2）后立柱（C立柱）的切割。

后立柱（C立柱）的切割用到了＿＿＿＿＿＿＿＿＿＿＿＿工具。

3）车身接合部位的修整。

对于车身接合部位的修整是使用＿＿＿＿＿＿＿磨平焊点部位的多余金属，使金属平整，去除黏着物。对焊接面板件进行整修，涂刷点焊＿＿＿＿＿＿＿＿＿＿＿＿＿＿。

4）新板件的切割准备。

新板件要根据更换的需要进行切割，可以用＿＿＿＿＿＿＿刻划切割线，使用＿＿＿＿＿＿＿在切割线上进行切割。

5）暂时安装后侧围板。

新板件安装时可以使用台虎钳将新板件夹紧到车身上，将后侧围板固定若干点，进行固定时要保证板件的＿＿＿＿＿＿＿和＿＿＿＿＿＿＿的完全匹配。

6）仔细调节新板件与周围板件相配合。

新板件装上车身后，调整时先调整＿＿＿＿＿＿＿与＿＿＿＿＿＿＿的间隙。

7）临时固定新板件。

新板件与原车有关构件调整合适后，可以将新板件做临时固定。可以使用＿＿＿＿＿＿将新板件夹紧到车身上。

8）切割搭接的板件。

板件正确定位以后，用＿＿＿＿＿或＿＿＿＿＿切去位于连接区域的搭接部分。

9）焊接前处理。

确保新板件与车身的接合面吻合间隙很好，在焊接处涂抹_____。

10）焊接新板件。

要采用分段焊接，防止_____和_____。

11）焊接接头的处理。

在没有底漆的部位实施清洁及脱脂工作，车身上涂抹_____和喷涂底层漆。

12）调整装配间隙。

行李舱盖的间隙应先调节_____方向，后调节_____方向。

13）修整完毕，整理工位，5S 管理。

任务练习

1. 判断题

1）当气体保护焊焊接时，应佩戴防护面罩、焊接手套、焊接工作服、焊接护腿和工作鞋，不再需要其他防护用品。（　　）

2）气体保护焊产生的火花和电阻点焊产生的火花都会对汽车玻璃产生烧蚀。（　　）

3）车身上所有的电阻点焊焊点都可以使用气动电阻焊点去除钻钻除。（　　）

4）车身结构性板件更换作业可以使用目测法校正尺寸进行定位。（　　）

2. 单选题

1）前纵梁与（　　）焊接连接在一起。

A. 挡泥板　　　　B. 前围上盖板　　　　C. 翼子板　　　　D. 后侧围板

2）进行钢材车身结构性板件塞焊作业时，需要在新板件上预钻孔，钻孔孔径为（　　）。

A. 6mm　　　　B. 7mm　　　　C. 8mm　　　　D. 10mm

3）如果新钢板要切割成与现有的钢板搭接的形状，搭接宽度为（　　）。

A. 10~15mm　　B. 14~18mm　　C. 20~25mm　　D. 25~30mm

4）当进行车身板件连续焊接时，两个板件要预留的间隙宽度为（　　）。

A. 1~2mm　　　B. 2~3mm　　　C. 2~4mm　　　D. 1~3mm

任务评价

评价指标		学生自评（30%）	小组互评（30%）	教师评价（40%）
素质评价（20%）	劳动态度（4分）			
	工作纪律（4分）			
	安全操作（4分）			
	环境保护（4分）			
	团队协作（4分）			

（续）

评价指标			学生自评（30%）	小组互评（30%）	教师评价（40%）
技能评价（80%）	工具使用（10分）				
	任务方案（10分）				
	实施步骤（40分）	安全防护穿戴			
		车辆的准备			
		工具的准备			
		拆除旧板件			
		更换新板件			
		调整检查			
		6S管理			
	完成结果（10分）				
	作业完成（10分）				
本次得分					
最终得分					

教师签名：_____

日期：_____年____月____日

项目五 车身板件更换与维修

任务二
结构性板件分割与连接

任务目标

知识目标	1. 说出汽车车身基本连接方式的分割与连接理论。 2. 说出汽车车身防撞吸能区的分割理论。 3. 说出汽车车身梁、车门槛板、A立柱、B立柱、地板、行李舱地板、车身搭接焊缝的分割与连接基本理论。 4. 列举出车身整体分割与连接的注意事项。
能力目标	能够对车身基本连接方式、车身防撞吸能区、车身梁、车门槛板、A立柱、B立柱、地板、行李舱地板、车身搭接焊缝进行分割与连接。

知识准备

在分割时要考虑车辆的特殊设计，如防撞吸能区、内部的加强件、制造时的接缝位置，以及理想的分割区域。当分割高强度钢和超高强度钢时，在确认分割将不危害车辆结构的完整性时才能实行。

关于结构性板件的分割和连接主要包括车门槛板、后顶侧板、地板、前纵梁、后纵梁、行李舱地板、B立柱以及A立柱，如图5-53所示。

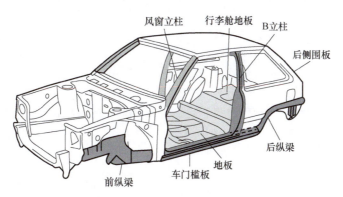

图5-53 车身主要构件的位置图

173

在整体式车身结构件中，有两种基本类型：一种是封闭截面结构，如车门槛板、立柱和车身梁；另一种是开式的或单层搭接连接的组合部件，如地板和行李舱地板。封闭截面构件是要求最高的构件，因为它们在整体式车身结构中承载主要的载荷。相同截面大小的强度，要比其他类型截面部件的强度大得多，如图 5-54 所示。

一、基本连接形式的分割与连接

分割时有些部位要避开，如要避开构件中一些"孔"。不要切穿任何内部加强件，如金属的双层构件。如果不小心切穿了内部加强件的封闭截面，则无法使该部位恢复事故发生前的强度。还应避开支承点，如悬架支承点、座椅安全带在地板中的固定点，以及肩带 D 环的固定点。

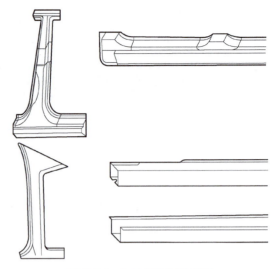

图 5-54　车身板封闭的截面

在进行车身构件更换之前，必须了解所更换件的连接方式，这样才能正确地选择切割位置和切割工具。车身结构件分割有以下三种基本的连接类型：

（1）有插入件的分割　主要用于封闭截面构件，如车门槛板、A 立柱、B 立柱以及车身梁，如图 5-55 所示。插入物使这些构件容易装配和正确地对中连接，并且使焊接过程比较容易。

（2）没有插入件对接方式的分割　没有插入件的对接，通常又称为偏置对接。这种类型的焊接连接用于 A 立柱、B 立柱及前纵梁，如图 5-56 所示。

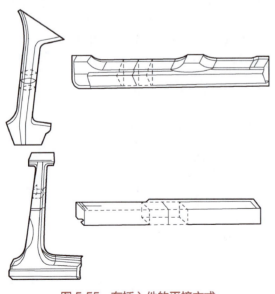

图 5-55　有插入件的平接方式

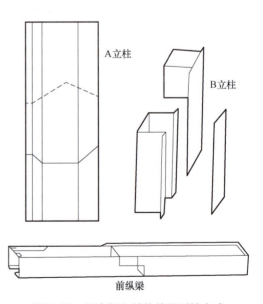

图 5-56　没有插入件的偏置对接方式

（3）搭接　搭接方式是将钣金件的一边搭在另一块钣金件上进行焊接，如后纵梁、地板、行李舱地板及 B 立柱均可以采用搭接方式进行切割修理。搭接方式如图 5-57 所示。

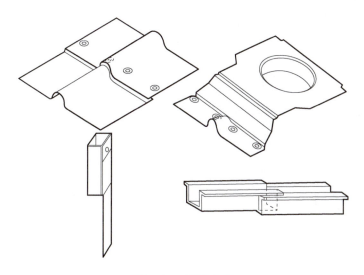

图 5-57　搭接方式

在实际的切割操作中，确定了连接的形式之后，切割时要预留相应的切割余量。同时，为了正确完成切割与更换作业，在焊接前一定要彻底清洁连接部位的表面。清理时可以采用三角刮刀或者汽车火焰清除涂层、防锈层、密封材料和其他污垢。

二、防撞吸能区的分割

在现代整体式车身结构件上，有些结构件设计有防撞吸能区或起皱点，这是为了在撞击时吸收冲击能量，尤其是前纵梁和后纵梁上更是如此，如图 5-58 所示。所有的前纵梁和后纵梁都有防撞吸能区。通过它们的外观可辨认这些防撞吸能区，有些是回旋状或波状的表面形式，有些是凹痕或陷窝的形式，另外一些是孔或缝的形式。这样做是有意设计的，使梁在碰撞时首先在这些部位变形。防撞挤压区设在前悬架的前面和后悬架的后面。

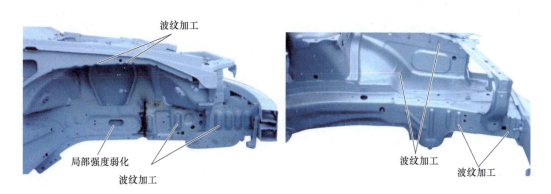

图 5-58　汽车车身前纵梁吸能区

在进行前纵梁切割作业时，应尽量避开防撞挤压区，如图 5-59 所示，否则就会改变设计的安全目的。如果一根梁遭受较大的损坏，这根梁通常将在防撞挤压区被压弯，因此，其位置通常是容易确定的。在中等损坏的场合，其冲击能量不可能把整个防撞挤压区压缩，因此要注意观察可能出现损伤的其他区域。

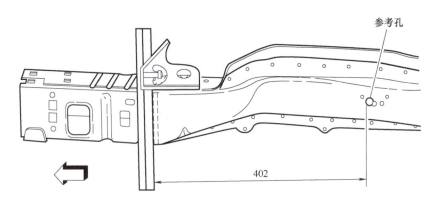

图 5-59　前纵梁切割区域

三、车身梁的切割与连接

实际上车身的前纵梁和后纵梁都是封闭截面构件。封闭截面有两种不同形式，如图 5-60 所示，一种是封闭截面的箱形截面结构，另一种是开口的、槽板式，与其他构件连接而形成封闭截面。修理封闭截面梁，采用的工艺是用插入件对接，如图 5-61 所示。

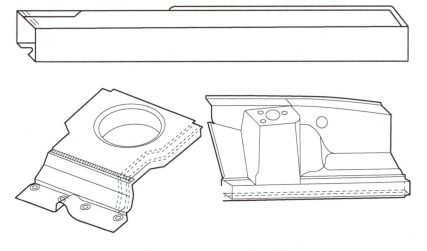

图 5-60　不同的封闭截面形式

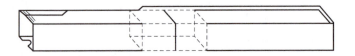

图 5-61　封闭截面的插入件对接方式

在整体式车身上,大多数的后纵梁以及各种各样的前纵梁,为帽子形槽板结构。它们的封闭件有些是垂直的,如将前纵梁连接到侧面挡泥板上的构件;有些则是水平的,如将后纵梁连接到行李舱地板上的构件。在大多数情况下,当切割开口式(帽子形槽板式)梁时(图 5-62),其焊接工艺是在搭接区域中用塞焊并沿着搭接的边缘连续搭接塞焊。切割前纵梁或后纵梁时,一定要记住它们都肯定有防撞挤压区。进行切割时,必须避开这些区域,同时切割要避开任何孔和加强件。

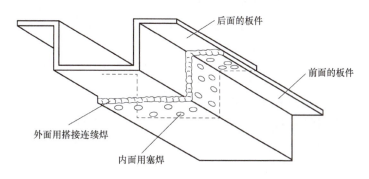

图 5-62 开式截面的搭接连接方式

四、车门槛板的分割与连接

在现代整体式车身中,车门槛板设计各有不同,有两层板或三层板,如图 5-63 所示。但是不管哪一种车门门槛,都有一个共同的特点就是车门槛板都装有加强件,这种构件可以是间断地安装在车门门槛内的,也可以是连续的。更换车门门槛时,根据损坏的状况,车门槛板可以和 B 立柱一起更换,或者单独更换。

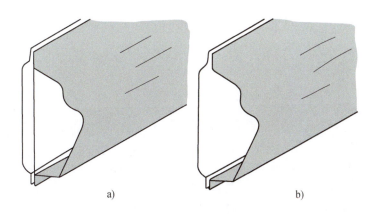

图 5-63 车门槛板断面
a)三层板车门门槛 b)两层板车门门槛

当切割或修理车门槛板时,一种是纵向切割用插入件对接,另一种可以切割车门槛板的外件,用搭接的方法装上修理件。当安装一个重复使用的、带有 B 立柱的车门槛板时,或当安装重复使用的后侧板时,采用插入件对接法,如图 5-64 所示。

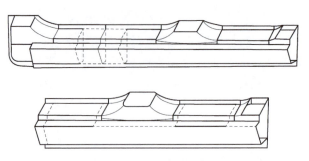

图 5-64 采用插入件对接方式修理车门槛板

用插入件进行对接时,从纵向切割板件。用从修理件上的多余部分或损坏件的端部切割下来的一块或多块材料,制作插入件,如图 5-65 所示。插入件长为 15~30mm。根据车门槛板的结构,纵向切成 2~4 块。然后去掉夹紧焊的凸缘,以便将插入件安放在车门槛板里面。用塞焊将插入件固定在适当位置。对于可分割的结构件,要求塞焊的孔径为 8mm。塞焊焊接时要求喷枪做圆形的运动,以适当地熔化孔边至基底金属,如图 5-66 所示。

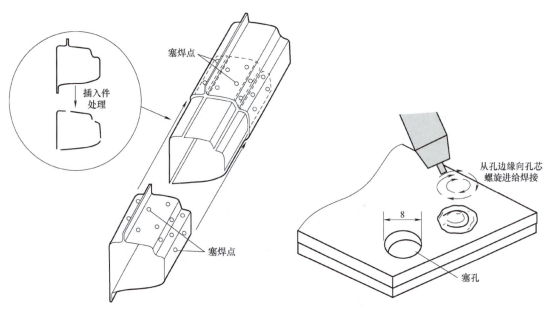

图 5-65 切割插入件以安装车门槛板　　　图 5-66 采用塞焊的方式焊接

在封闭截面中安装插入件时,不管它是车门槛板、A 立柱、B 立柱或者车身梁,都要确保封闭焊接完全焊透插入件。当用对接封闭焊时,其坡口应宽到足以允许彻底地焊透插入件。坡口的宽度根据金属的厚度确定,但理论上坡口不应小于 1.5mm,不大于 3mm,如图 5-67 所示。焊接以前,应仔细地清理切割面上的飞边。否则,焊接金属将围绕飞边形成焊瘤,可能产生焊接裂纹,形成应力集中,引起龟裂并减弱连接强度,如图 5-68 所示。

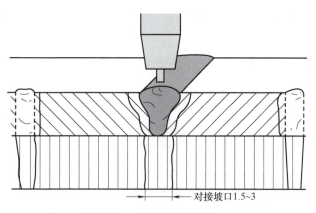

图 5-67 对接焊的正确坡口

图 5-68 消除焊瘤保证焊接强度

只有在安装外门槛板或其一部分时，才采用搭接工艺。将无损伤的内加强件脱离开，仅仅切割外板。进行搭接的一种方法是在前门的开口处进行切割，并经测量，证明那里可以搭接。当进行这样的切割时，为了避免切割到 B 立柱下面的任何加强件，应避开 B 立柱的基础 50mm 以上进行切割，如图 5-69 所示。门槛板切割与焊接操作过程如下：

1）环绕着 B 立柱和 C 立柱的基础切割，在每一个立柱的周围留下搭接区域，如图 5-70 所示。

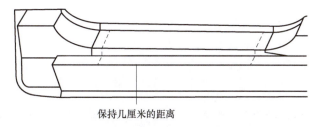

图 5-69 不要切割 B 立柱下面的加强件

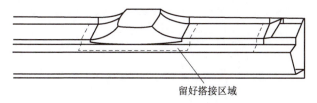

图 5-70 B、C 立柱基础切割

2）切好新的车门槛外板，使之搭接在立柱基础的周围，同时，车门槛外板的原件也仍然固定在汽车上。

3）在夹紧的凸缘上，采用塞焊代替出厂的电阻点焊进行连接，如图5-71所示。

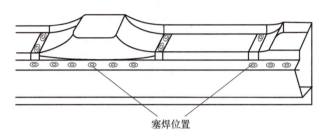

图5-71　塞焊代替电阻点焊

4）采用与电阻点焊近似的等间距，围绕着B立柱和C立柱进行塞焊搭接，如图5-72所示。

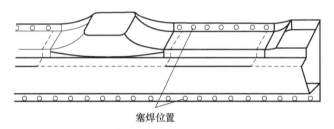

图5-72　塞焊搭接

5）然后约以30%的比例间隔焊缝搭焊边缘，即搭接边的每40mm长度大约有12mm焊缝，如图5-73所示。

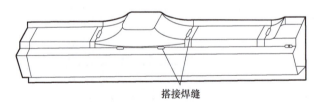

图5-73　间隔的搭接焊缝

6）在门开口的搭接区域进行塞焊焊接，并环绕着边缘搭接焊，如图5-74所示。

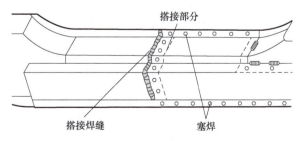

图5-74　搭接区域的塞焊和搭接焊

当然，也可以根据碰撞的自然状况反向进行这一工艺程序，在后门开口处进行重叠切割，去掉损坏部分，并围绕着 A 立柱和 B 立柱的基础搭接。然后使用相同的技术更换整个的车门槛外板。在这个方案中，环绕着所有三个立柱的基础进行切割，并用与以前相同的方法对三个基础进行搭接。

五、A 立柱的分割与连接

汽车前窗框立柱称为 A 立柱，由两件或三件组成，在上端或下端或上下两端将它们加固，但不可能在中间加固。因此 A 立柱应在中间附近切割（图 5-75），避免割掉任何加固件，两端不允许切割。

对 A 立柱可用纵向切割，用插入件对接（图 5-76），或者没有插入件的偏置对接。用插入件对接修理时，采用与修理车门槛板相同的方法。A 立柱插入件的长度应是 100~150mm。插入件沿长度方向清除任何凸缘以后，将插入件轻轻地敲入。用塞焊将插入件固定在适当位置，并用连续对接焊缝封闭立柱所有的周边。

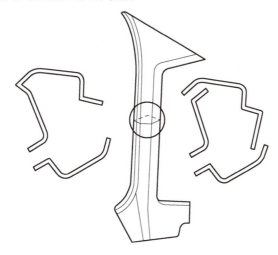

图 5-75　车身 A 立柱截面

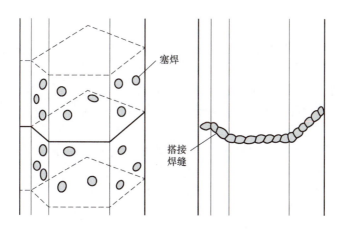

图 5-76　车身 A 立柱的插入件对接

对 A 立柱的更换也可以采用没有插入件的偏置对接方法，在进行偏置对接时，内件的切割位置与其他件不同，形成偏置，如图 5-77 所示。只要有可能，应尽量设法在制造厂的焊接点之间进行切割，以便于钻除焊点。两切割线之间的间距不得小于 50mm。将截面对接在一起并将它们的四周连续焊接。

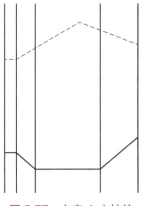

图 5-77 车身 A 立柱的偏置对接

六、B 立柱的分割与连接

车门侧面的中间立柱称为 B 立柱，B 立柱由开口件和平板件组成，大部分的 B 立柱都有加强件，对于 B 立柱的切割更换，可以采用插入件对接焊的方法（图 5-78），也可以采用偏置和对接相结合的方法，如图 5-79 所示。如果立柱截面相对简单且内部没有加强件时，多采用插入件对接焊的更换工艺，采用此方法容易对中，且可提高强度。B 立柱的切割位置一定要在安全带安装孔的下部，因为安全带安装孔加强件是焊到 B 立柱内部的，无法安装插入件。

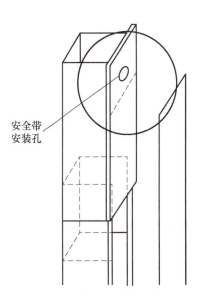

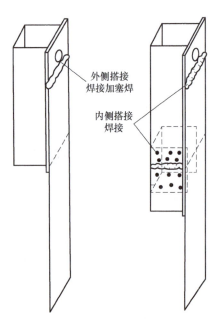

图 5-78 B 立柱的插入件连接　　图 5-79 B 立柱的偏置对接

对 B 立柱进行更换时，首先在原来的内板上搭接新的内板，不要将它们对接在一起，并且焊好搭接边缘。然后用点焊把插入件焊接到位，并且用连续对接焊环绕着外板进行封闭焊接。

由于 B 立柱与车门槛连接，有时用旧的 B 立柱和车门槛板组件作为整体更换更为有利。因为当 B 立柱遭到猛烈碰撞必须更换时，车门槛板肯定会遭到破坏。用两种有效连接形式中的任一种形式安装 B 立柱的上端，并且用已经介绍的方法与车门槛板中的插入件进行对接。如果主要损坏是在后门开口处，则可用插入件与前门开口进行对接连接，并整体安装车门槛板的另一端。如果主要损坏是在前门开口处，则工艺规程就相反。

一般说来，当安装新件时，或者当加工分离内件和外件时，要经常采用偏置连接和搭接的组合，如图 5-80 所示。操作步骤如下：

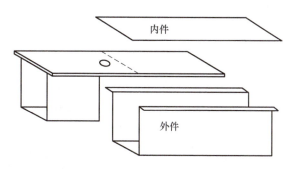

图 5-80 偏置连接和搭接的组合连接

1）在外件上，在 D 环固定点加强件之上进行对接切割。
2）在内件上，在 D 环固定点加强件之下进行重叠切割。
3）首先安装内件，用新的板件搭接在原有的板件上。
4）搭接焊接边缘。
5）将外件安放就位，在边缘上进行塞焊，并且在对接处用连接焊缝封闭截面，如图 5-81 所示。

通常，当 B 立柱截面由三件或更多件组成时，采用偏置连接和搭接组合是有利的，因为在这种情况下，难以装入插入件。当内有加强件不能使用插入件时，必须采用偏置和搭接组合的工艺。

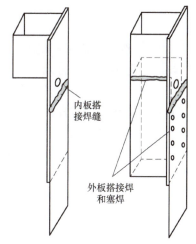

图 5-81 形成偏置和搭接的组合

七、地板的分割与连接

整个车身都是以地板为基础而组合起来的，所以在对地板实施切割更换时，不要切穿任何加强件，保证地板的强度，如座椅安全带的固定装置，连接时要注意使后地板搭接在前地板上，使汽车下部地板的边缘总是指向后方。这样，从前向后运动的道路飞溅物会从底部边缘流出而不会迎面撞击，如图 5-82 所示。地板搭接板件的分割、连接时要注意以下几点：

1）用搭接焊连接所有的地板。
2）在搭接部位进行塞焊搭接，如图 5-83 所示。

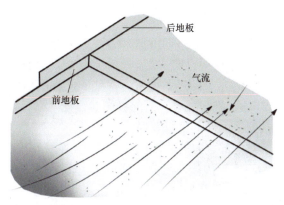

图 5-82 地板的搭接边缘不要迎风

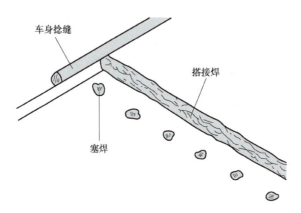

图 5-83 塞焊搭接

3）用弹性捻缝材料堵塞上边、向前的边。

4）用连续焊缝搭接焊重叠下边的边。

5）用底漆、薄层保护层以及外涂层覆盖搭接焊缝。底漆有助于保护层粘合，而外涂层起到了保护作用，这样保证没有一氧化碳通过接缝进入驾驶室，如图 5-84 所示。

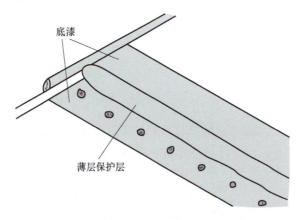

图 5-84 焊缝的密封

八、行李舱地板的分割与连接

分割行李舱地板，一般与车身地板分割的基本工艺规程相同，只有稍许变化。在需要切割碰撞后的行李舱地板时，通常后梁也要切割。行李舱地板的分割连接操作过程如下：

1）在行李舱地板下面、后悬架附近，通常有一些不同的横向件。只要有可能，就要在横向件的后凸缘上切割行李舱地板，并且在横向件的后方分割梁。

2）将行李舱地板搭接到横向件上进行塞焊。

3）像堵地板缝那样，对上部、向前的边捻缝。

4）在下部，下搭接边不需要焊接，因为横向件提供了足够的强度。然而，许多小轿车的行李舱地板不在横向件之上，下面的边必须搭接焊。

焊接完毕后，都要用底漆、保护层和外涂层覆盖底边缝。行李舱地板由于接近排气尾管，密封阻止一氧化碳侵入是相当关键的。

九、搭接焊缝的分割与连接

与插入件相比，前部车架梁和车门槛板采用搭接焊焊接后，能够产生比较紧密的配合截面，并且可提高耐蚀性。下面是车身左侧受损需切割左侧梁的例子：

1）在风窗底部钻掉上梁连接到盖板上的焊点。为了从焊点区清除密封层或堵缝，可能需要用丙烷焊炬、刮刀和钢丝刷。操作时把焊炬调整在低温状态，以防止密封层燃烧。

2）清除上梁与支柱支撑后部外缘上两个隐藏的焊点。这些焊点通过上梁后部的孔可以看见，如图 5-85 所示。

3）清除支柱支撑连接到梁延伸板件上的焊点。清除任何覆盖在发动机舱内这些焊点的保护层，如图 5-86 所示。

4）在支柱支撑中心的前部完成下梁的分割。内部和外部下梁的切割工艺过程采用交错切割，两条切割线都是搭接。

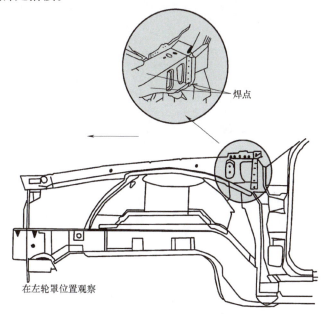

图 5-85　隐藏焊点的位置

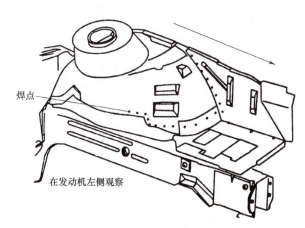

图 5-86　清除保护层露出焊点

5）有两个焊点将加强件连接到下梁的里面，必须先清除这些焊点然后再进行切割。这些焊点可以从梁的轮罩一侧看到。

6）在纵梁上的切割位置离盖板大约150mm处。切割的位置靠近内加强件末端附近，如图5-87所示。

假如加强件在切割中偶然发生了小的损坏，必须要焊好。如果错误切割长度大于6mm，并且完全切透加强件，即使修复了加强件，切割也是不成功的。当围绕着内部加强件切割时，小心不要切割到加强件。

7）纵梁的切割线（在车轮罩侧）在发动机侧切割线的后面75~125mm，如图5-88所示。

8）为了完成正确搭接，要在原有结构的露出端割开棱角开口，开口不应超过6mm。板件搭接完成以后，露出的任何开口必须封闭焊好。

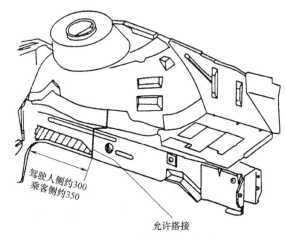

图 5-87 切割位置

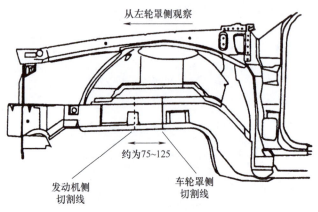

图 5-88 纵梁上的切割位置

9）注意更换的结构件在原有结构上的定位是否正确。由于连接的开口部分朝着梁的开端，更加方便涂防腐层。

10）首先钻掉固定散热器支架和挡泥板延伸板件的焊点（图5-89），以便将两边的下梁延伸件与下梁分开，然后将挡泥板延伸板件向上弯曲，露出另一些焊点。

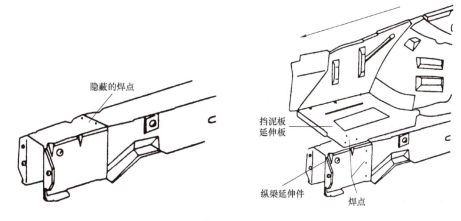

图 5-89　去掉散热器支架和挡泥板延伸板件的焊点

11）所有的焊点都已经清除并做好偏置切割后，就可以从车辆上拆下损坏的组件。

12）继续使用的组件的准备工作（如焊点的清除和下梁的偏置切割）与更换损坏组件的准备工作是相同的。在安装前对继续使用的组件进行检验、测量和必要的校正。对更换的梁要增加一定的长度，以便于搭接。

13）所有毗邻的凸缘和焊接的部位，都必须使用丙烷焊炬和钢丝刷进行清理。不要研磨和烧掉任何镀锌涂层。清理以后和焊接以前，对所有暴露的相连金属表面应涂上导电的底漆。

14）继续使用的组件安装以后，可以使用测量设备检查其位置是否正确。

15）经检查所有的尺寸在公差范围内以后，可以焊接组件。焊接时每次焊接长度为12~18mm，间隔交替地进行焊接操作，这样焊接变形最小。确保所有的焊缝完全闭合，不留下任何裂口。

16）对整个（包括整修更换件的表面）区域进行防腐蚀操作。

十、车身整体分割的注意事项

如果车身的前部或后部遭受严重的损坏，损坏区域没有修复的价值，有时要通过车身的整体分割来切除损坏部分，把另一辆汽车的完好部分连接到需要维修的车身上。与常规车身整体修理损坏的方法相比较，整体分割更实用并且费用少。这种方法可缩短修理时间，减少拆除车辆的劳动力，并且不影响腐蚀的防护。

在车身的整体分割中，两根 A 立柱、两根车门槛板及地板切割后，一辆汽车的车身就能被完全分割。切割的方法与前面介绍的一致。

在车身的整体分割操作中要采用适当的技术和工艺规程正确地分割、匹配和焊接各个组件。采用车身的整体切割方法应注意以下事项：

1）所有的修理工艺规程，包括安装和焊接，必须向车主充分说明。

2）重复使用的零部件（包括车身零部件和机械零部件）必须是同类型，具有同等质量的。核实悬架装置、制动装置和转向机构工作是否正常。

3）切割前要小心地检查前后两部分车身是否对正。如果没有对正，那么板件的配合间隙不准确将导致接缝过大。

采用车身整体分割把两辆车拼接到一起时，在 A 立柱的中间、两个车门槛板中，可以使用对接和插入件，在地板中使用搭接。要在车门槛板和地板以及前车门开口的中间进行切割，避免对 A 立柱和 B 立柱中的任何支架或加强件进行切割和破坏。

地板上可能有需要在分割前拆下的加强件和支架。加强件可以留在替换件的后半部，有助于对中。当更换支架和加强件后，必须重新做好板件的防腐蚀工作。

十一、车身整体切割后连接的注意事项

在需要连接车身的前截面和后截面已经修整到可以装配后，在连接部位中需要进行塞焊处钻好塞孔，在需要进行电阻点焊的位置去除油漆层并涂刷导电底漆，然后按下列步骤连接前后截面：

1）安装车门槛板和立柱的插入件，用金属板件固定螺钉将插入件固定。
2）根据风窗的外形和角度，将 A 立柱插入件插入风窗立柱的上部或下部。
3）先连接车门槛板，然后连接 A 立柱，将两部分安装在一起。将车门槛板和立柱凸缘夹紧，以防止截面拉开。
4）测量风窗和门开口的尺寸，最好装上门和风窗，以检验定位是否正确。
5）完成正确的定位后，用金属板件固定螺钉将搭接部位固定在一起，以紧固焊接区，并在焊接时保持截面靠紧。
6）在将截面焊接在一起以前，用测量系统检验车辆的尺寸和截面的定位是否正确。
7）用连接车门槛板、A 立柱和地板的技术，将截面焊接在一起。

十二、板件分割、连接中的防锈处理

防锈剂的应用不仅在焊接以前是需要的，而且在涂漆过程的前后也是需要的。在板件焊接在一起之前，要先在连接处涂上导电底漆。在完成底漆层以前，焊缝必须用车身密封剂密封，或者在完成底漆后，对接缝进行防锈处理，以防水分浸入造成锈蚀。

任务实施

（一）作业准备

1. 技术要求与标准

车身板件的分割与连接参照车型维修手册信息进行。

2. 设备器材

大梁校正仪、电子测量设备、辅助支撑系统、车型专用模具、钢卷尺、车身伸缩量尺、轨道式量规、气体保护焊机、双面点焊机、大力钳组、气动打孔钳、低速气钻、气动切割锯、气动高速砂轮机、环带打磨机、气动研磨机、焊点打磨机、双作用打磨机、气动电阻焊点去除钻、防锈底漆喷枪、手动工具组、车身模拟板件、整体式车身、试焊片等。

3. 场地设施

汽车钣金实操实训室、理实一体化教室。

4. 耗材

钻头、打磨砂纸、切割砂轮片、气动切割锯锯片、干净抹布、防锈底漆、清洁剂、6mm

及 8mm 麻花钻等。

5. 防护用品

工作服、工作鞋、防护手套、护目镜、耳塞、焊接防护用具、焊接防护毯等。

(二) 工作计划

1) 将学生分为四组安排在理实一体化教室，通过传授法、模拟板件观摩法等方法学习车身各个结构性板件的分割与连接，以及分割与连接中的注意事项。

2) 将学生四人分为一组安排在汽车钣金实操实训室，让学生们练习车身各个板件的分割与连接，同时在练习中不断指导纠正。

(三) 实施工作

1. 安全防护穿戴

2. 搭接焊缝的分割与连接（车身左侧）

1) 在风窗底部钻掉上梁连接到盖板上的焊点。
作业中可能会用到的工具有_____、_____和_____。

2) 清除焊点。
主要清除_____的焊点。

3) 在支柱支撑中心的前部完成下梁的分割。
内部和外部下梁的切割工艺过程采用_____切割，两条切割线都是搭接。

4) 清除加强件连接到下梁里面的焊点。

5) 切割纵梁。
在纵梁上的切割位置离盖板大约_____。

6) 切割棱角开口。

7) 继续使用组件的准备工作。

8) 防腐。
清理以后和焊接以前，对所有暴露的相连金属表面应涂上_____。

9) 焊接组件。
一般会使用_____、_____、_____焊接方式。

10) 检查尺寸。

11) 对整个（包括整修更换件的表面）区域进行防腐蚀操作。

12) 修整完毕，整理工位，6S 管理。

任务练习

1. 判断题

1) 整体式车身部件分割时，一般在接缝处进行分离。( )
2) 当切割车身中立柱时，应环绕 D 环面做偏心切割，避免影响安全。( )
3) 车身板件上没有插入件的对接方式，通常称为偏置对接。( )
4) 修理车身封闭截面梁，不能用插入件对接方式。( )

5）当车身地板更换时，前地板要搭在后地板的下面，然后用保护焊塞焊进行焊接。
（　　）

6）当车身中立柱的截面仅由两件组成没有内部加强件时，不可采用插入件对接连接方式。（　　）

7）在更换车身门槛外板时可采用插入件方式。（　　）

8）插入件对接时，插入件可以使部件的装配和对中更容易，但焊接难度增加。（　　）

2. 单选题

1）车身封闭梁不能采用的连接方式是（　　）。
　　A. 插入件对接　　　　　　　　B. 搭接
　　C. 偏置对接　　　　　　　　　D. 以上都不行

2）对车身地板进行更换连接时，下面方法错误的是（　　）。
　　A. 不能切割座椅安全带的固定位置
　　B. 后部地板搭接在前地板下
　　C. 搭接部位用塞焊焊接
　　D. 用底漆、薄层保护层以及外涂层覆盖搭接焊缝

3）前纵梁在切割时，到前围板的距离大约是（　　）。
　　A. 300~350mm　　　　　　　　B. 350~400mm
　　C. 250~300mm　　　　　　　　D. 450~500mm

任务评价

评价指标			学生自评（30%）	小组互评（30%）	教师评价（40%）
素质评价（20%）	劳动态度（4分）				
	工作纪律（4分）				
	安全操作（4分）				
	环境保护（4分）				
	团队协作（4分）				
技能评价（80%）	工具使用（10分）				
	任务方案（10分）				
	实施步骤（40分）	安全防护穿戴			
		车辆的准备			
		工具的准备			
		拆除旧板件			
		焊接			
		防腐			
		6S管理			

(续)

评价指标		学生自评 （30%）	小组互评 （30%）	教师评价 （40%）
技能评价 （80%）	完成结果（10分）			
	作业完成（10分）			
	本次得分			
	最终得分			

教师签名：_____

日期：_____年___月___日

项目六　车身板件胶粘铆接技术

随着社会的发展、文明的进步，各国对环境保护越来越重视，传统能源的不可再生性也推动了节能减排技术的发展。体现在汽车行业上，新技术和新材料不断应用于车身及零部件的制造中。汽车的能源消耗主要在克服阻力驱动车身前进，车身的质量对汽车能源消耗影响巨大，节能减排的最直接途径就是减小车身质量。据国际研究机构试验表明，汽车整车质量减小10%，燃油效率可提高 6%~8%；汽车整备质量每减少 100kg，百公里油耗可降低 0.3~0.6L。

相对来说铝合金材质在现阶段技术成熟可靠，在高端车的车身和中低端车的个别部件中已经实现量产应用。随着规模扩大和技术进步，铝合金使用成本会逐渐降低，从而得到更广泛的应用。目前，奥迪 A8 和捷豹 XF 都已采用全铝车身，宽大的车身并没有想象中的质量那么大，其整备质量分别只有 1750kg 和 1590kg，这与尺寸更小的一般中级车质量差不多，铝合金密度小的优势非常明显。

随着铝合金在车身上应用的增多，相应的钣金维修技术也发生了改变，传统钢材的钣金维修技术不能适用于铝合金的钣金修复，现今修复铝车身大多采用胶粘、铆接的维修方法，因为胶粘铆接技术既能达到一定的抗剪切和抗剥离强度，也对板材没有热影响。

汽车焊接工艺

任务一
胶粘铆接介绍

任务目标

知识目标	1. 描述车身胶粘技术、铆接技术的基本原理。
	2. 列举出车身胶粘技术、铆接技术的运用范围。
	3. 描述车身胶粘、铆接工具设备的安全操作要领。
能力目标	能够掌握车身胶粘、铆接工具设备的基本操作。

知识准备

一、黏结剂粘接技术

随着汽车制造技术的发展及对其性能要求的不断提高，黏结剂已成为汽车生产所必需的一类重要辅助材料，应用越来越广泛。粘接技术在汽车制造工业中不仅有增强汽车结构、紧固防锈、隔热减振和内外装饰的作用，还可代替某些部件的焊接、铆接等传统工艺，实现相同或不同材料之间的连接，简化生产工序，优化产品结构。在汽车向轻量化、高速节能、延长寿命和提高性能方向发展的道路上，黏结剂的作用越来越重要。同样，在汽车后市场车身修复领域应用也越来越广泛。

黏结剂粘接是近期发展起来的新技术，粘接是借助黏结剂在固体表面上所产生的粘合力，通过黏结剂涂层实现表面牢固的连接方法，粘接是一种"冷结合"技术，通过粘接技术修复的钣金件不会改变所连接材料的特性和结构，同时还能在正确使用的情况下实现几乎所有复合材料的长久性接合。

黏结剂粘接的形式分为两种，一种是非结构型粘接，主要是指表面粘涂、密封和功能性的粘接。另一种是结构型粘接，主要是将结构件用黏结剂牢固地固定在一起的粘接现象，其中所用的结构黏结剂及其粘接点必须能够传递结构应力。

（一）粘接技术原理

黏结剂能够与物体牢牢地粘接在一起的主要原因是，在高分子复合材料中，含有氧、碳、氢及其他一些"杂原子"和"π"键，它们与黏结剂中的电子能形成配位键，配位键是一种特殊的化学键，具有强度高的特点，其粘接力特别强，同时，许多高分子化合物的分子是链状的，这些链节互相拧在一起，难解难分，形成高强度的粘接，如图 6-1 所示。

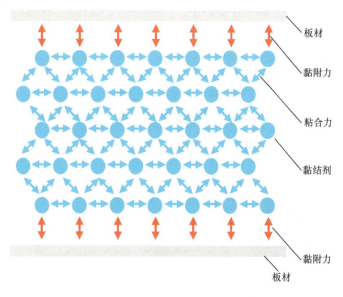

图 6-1　粘接示意图

（二）黏结剂的分类

1．按化学成分分类

黏结剂按化学成分可分为有机黏结剂和无机黏结剂。有机黏结剂又分为合成黏结剂和天然黏结剂。

1）合成黏结剂有树脂型、橡胶型和复合型等。

2）天然黏结剂有动物、植物、矿物和天然橡胶等。

3）无机黏结剂按化学组分有磷酸盐、硅酸盐、硫酸盐和硼酸盐等多种。

2．按形态分类

黏结剂按照形态可分为液体黏结剂和固体黏结剂，有溶液型、乳液型、糊状、胶膜、胶带、粉末、胶粒和胶棒等。

3．按用途分类

黏结剂按照用途可分为结构黏结剂、非结构黏结剂和特种黏结剂（如耐高温、超低温、导电、导热、导磁、密封、水中胶粘等）三大类。

4．按应用方法分类

黏结剂按应用方法可分为室温固化型、热固型、热熔型、压敏型和再湿型等。

（三）黏结剂粘接技术的优势

黏结剂粘接技术是近年来兴起的一项新技术，其优越的性能也越来越被看好，在汽车行业中，特别是在中高端汽车的铝合金车身维修中，已经逐步应用这一新技术，如车身的密封、车身结构件的更换等。

1）黏结剂粘接技术可以让金属与非金属材料有效地连接，这种方式是其他的焊接技术无法满足的。

2）黏结剂是均匀地涂抹在粘接面上的，避免了铆接、点焊等连接方式的应力集中问题。

3）黏结剂粘接技术在汽车制造行业装配上的应用，可以有效减轻车体重量30%以上。

4）黏结剂粘接技术在汽车车身维修的应用可以使车体有良好的密封作用，铆接、点焊和螺栓连接是达不到这种效果的。

5）黏结剂粘接技术可以有效避免技术材料的相对浪费。在汽车装配上应用黏结剂粘接技术减少了汽车材料因为铆接、点焊和打孔等造成的浪费，减少了经济上的损失，同时使操作省时省力。

（四）黏结剂在汽车车身上的应用

应用车身上的黏结剂、密封胶主要有折边胶、膨胀胶、点焊密封胶、隔振胶、结构胶、焊缝密封胶、抗石击涂料、指压胶、内饰胶、风窗玻璃胶、丁基密封胶、厌氧胶和硅酮密封胶等。图6-2所示为黏结剂在汽车上的主要应用部位。

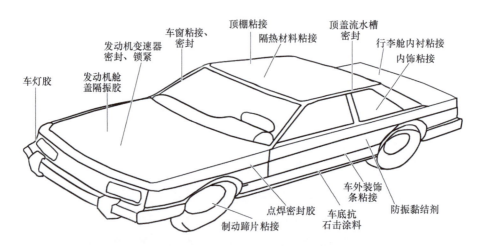

图6-2 黏结剂在汽车上的主要应用部位

1. 折边胶和膨胀胶的应用

通常将内、外盖板折边后点焊连接汽车的车门、发动机舱盖和行李舱盖板等部件，这种工艺使车身表面增添了许多因焊接而形成的凹坑，严重影响了车身的外观。为此，汽车制造厂开始用粘接取代点焊来生产汽车车门、发动机舱和行李舱盖的折边结构，所用的黏结剂称为折边胶。图6-3所示为折边工艺过程图。

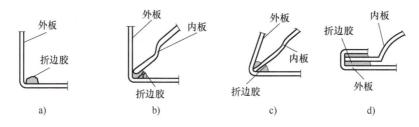

图6-3 折边工艺过程图
a）涂胶 b）盖板 c）冲压成45° d）折边完成

膨胀胶主要用在车门、发动机舱盖、行李舱盖和顶盖等内外板之间，用来减小车辆行驶产生的振动和噪声，增加整车舒适性。图 6-4 所示为折边胶和膨胀胶在车门上的应用。

2. 点焊密封胶的应用

汽车车身由若干块金属板件焊接而成，不可避免地会存在焊缝，焊缝处密封性的好坏会直接影响车身的质量和耐锈蚀能力，是整车一项十分重要的性能技术指标。汽车制造时，如果各钣金件连接处的缝隙没有密封好，汽车在行驶中会出现漏水、透风和漏尘现象，严重的可使焊缝处钣金件锈蚀，使钢板过早穿孔，加速车辆的报废。汽车制造业现在通用的焊缝密封方法是涂布点焊密封胶，如图 6-5 所示。点焊密封胶可分为膨胀型和非膨胀型两大类，使用工艺如下：冲压件在焊装前，将密封胶涂敷在冲压件接合处的单板上，再将两板合拢点焊，在电泳漆、中涂面漆等烘烤工序中一起固化。

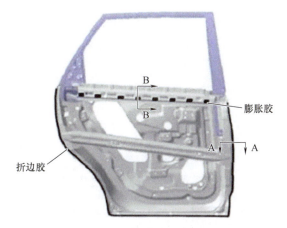

图 6-4　折边胶和膨胀胶在车门上的应用

图 6-5　点焊密封胶在车身上的应用

汽车生产用的点焊密封胶要求具有好的施工工艺性、触变性，密封性能要好，在后续涂装工艺处理时，不易被冲洗掉，不污染电泳液，不含有机硅类物质（微量的硅树脂都可能会影响电泳漆和面漆的质量），不影响点焊的强度，焊接时不分解有毒气体或引起金属锈蚀的物质，加热过程中不流淌，固化后弹性要好，附着力要强，需耐介质腐蚀、耐老化。

3. 隔振胶的应用

汽车车身在制造过程中，使用焊接装配车身覆盖件的外板与加强梁间、车身驾驶室顶盖加强梁、发动机舱盖加强梁以及行李舱盖加强梁等与外板的接合，因盖板与加强梁间存在一定的缝隙，行车中可能因振动而生产噪声，盖板上的焊点也严重影响外观的平整性，因此，采用隔振胶涂布在冲压薄板与加强梁结构中，经油漆烘干工艺时加热固化，胶层粘接强度高，受热膨胀后，将加强梁与盖板紧密接合成一体，减少或完全取消接合焊点，提高车身外表的美观性，减小行车中的振动和噪声。主要用在车门外板、侧围外板和顶盖等处，主要用来减小振动，提高车辆性能，膨胀率100%~300%，如图6-6所示。

4. 结构胶的应用

结构胶主要用于外板件和外板件加强件之间的密封连接，用来替代点焊（外板面不允许有焊点或焊接性差），如图6-7所示。结构胶可提高刚度和密封能力，防止灰尘和水进入车身内部，所以要求黏合强度高。

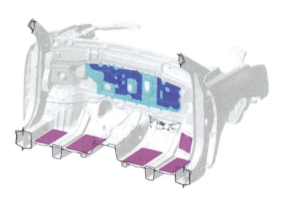

图6-6　隔振胶在车身上的应用　　　　图6-7　结构胶在车身上的应用

汽车车身结构胶压缩弹性模量高达2100MPa，在汽车行业属于一种高模量车身用胶，它以环氧树脂为主体材料，通过增韧等改性技术极大地改善了产品具有脆性、易剥离等缺点，其具有良好的粘结力、优秀的力学性能、耐高低温、耐老化和低污染等特性，见表6-1。当汽车车身部分零部件受到装配空间的限制和外观要求无法采用传统焊接工艺时，可以选择车身结构胶满足其设计要求。

表6-1　结构胶的基本性能

项　目	性能指标
黏度 /Pa·s	500
压缩弹性模量 /MPa	2100
泊松比	0.34
剪切强度 /MPa	20~30
拉伸强度 /MPa	30
断裂伸长率（%）	8~10

（五）黏结剂粘接工具设备

1. 火焰涂层工具

对裸露的金属表面进行火焰涂层作业（钝化处理）：这种特殊的火焰中加入了硅烷喷射出的高度氧化的外焰，促进表面化学转化，形成20~40nm厚的不可见薄涂层，可使板材表面形成更大的表面附着力，火焰涂层工具套装如图6-8所示。

2. 红外测温仪

红外测温仪用于控制加热温度，避免铝材高温变形或高温熔化，如图 6-9 所示。

图 6-8　火焰涂层工具套装

图 6-9　红外测温仪

3. 双组分气动胶枪

双组分气动胶枪用于多种黏结剂混合使用打胶作业，如图 6-10 所示。

4. 电动打胶枪

电动打胶枪用于板件接合面打胶作业，如图 6-11 所示。

图 6-10　双组分气动胶枪

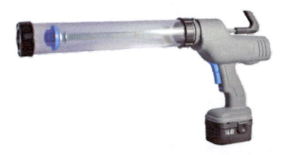

图 6-11　电动打胶枪

二、铆接技术

随着汽车制造业竞争的日益加剧，汽车制造厂商都不断向市场推出新款车型，新车型除了突出质量好、价格低、样式新和功能全等特点外，主要的竞争集中在汽车行驶的经济性上。

在过去的 20 年中，汽车制造商一直在寻找解决问题的方法。试验证明，应用新材料、使用轻型材料实现汽车车身的轻量化，改善汽车行驶经济性是行之有效的。通过降低整车质量可使汽车的很多性能得到改善和提高。研究表明，当整车质量减小 10% 时，燃油经济性提高 3.8%，加速时间减少 8%，一氧化碳排放减少 4.5%，制动距离减少 5%，轮胎寿命延长 7%，转向力减少 6%，可见汽车轻量化的重要性。汽车轻量化的重要潜力是在车身的制造中大量使用轻金属和非金属，如铝、铝合金、镁合金以及强化塑料等板料之间的应用。迄今为止，电阻点焊是连接钢板车身结构的主要方法，不仅有利于大批量生产，而且质量也牢固可靠；但是，对于黑色金属与有色金属的连接，大部分有色金属（如薄铝板）之间的连接，金属与非金属的连接，非金属之间的连接，以及焊接性差的、预先涂漆或有镀层的黑色金属之间的连接，点焊就很困难或无能为力了。故提出采用铆接技术连接车身的内外覆盖件来替代点焊。同样，在汽车售后维修中，根据汽车制造厂家的维修规定，在汽车的某些部位需要使用铆接来完成维修。

1. 冲压铆接

冲压铆接在汽车车身维修中使用频率较高，一般都采用半空心铆钉。冲压铆接技术可以连接不同材质的板材及多层板材组，如钢板、铝板和塑料板等，可与胶粘工艺组合使用。

（1）冲压铆接的原理　在汽车车身维修中，冲压铆接使用频率较高，使用半空心铆钉。半空心铆钉的冲压铆接技术如图6-12所示。压边圈首先向下运动对铆接材料进行预压紧，防止铆接材料在铆钉的作用力下向凹模内流动，而后冲头向下运动推动铆钉刺穿上层材料。在凹模与冲头的共同作用下，铆钉尾部在下层金属中张开形成喇叭口形状，以便锁止铆接材料，达到连接的目的。当半空心铆钉的冲压铆接工艺铆接相同金属材料时，较厚的放在下层；铆接两层不同金属材料时，将塑性好的材料放在下层；铆接金属与非金属材料时，将金属材料放在下层。

图6-12　半空心铆钉的冲压铆接技术

a）定位　b）夹紧　c）送钉　d）刺穿　e）变形　f）成形

冲压铆接

（2）铆接设备——气动液压铆钉枪　气动液压铆钉枪采用一台驱动器，配合N个组件，可完成所有的铆接工作，如铆钉拆卸、冲孔铆接和冲压铆接，有些也可以进行盲铆接作业，如图6-13所示。

（3）铆接组件——气动液压铆钉枪铆接组件

1）半空心铆钉预钻孔组件，如图6-14所示。

2）安装半空心铆钉组件，如图6-15所示。

3）安装3mm自攻铆钉，如图6-16所示。

4）安装5mm自攻铆钉，如图6-17所示。

5）采用短冲头和硬模挤压出薄金属板材自攻铆钉，如图6-18所示。

6）采用长冲头和硬模挤压出厚金属板材自攻铆钉，如图6-19所示。

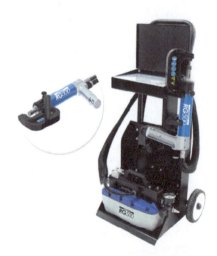

图6-13　气动液压铆钉枪

图 6-14 半空心铆钉预钻孔组件

图 6-15 半空心铆钉组件

图 6-16 3mm 自攻铆钉

图 6-17 5mm 自攻铆钉

图 6-18 薄金属板材自攻铆钉

图 6-19 厚金属板材自攻铆钉

2. 盲铆接

盲铆接用于接触不到钣金件背面的铆接作业,通常盲铆接的铆接强度都不够,并且只能使用符合维修手册规定的盲铆钉。

盲铆钉也称为抽芯铆钉的紧固件,能够被用来组装从存储模块到喷气发动机等众多产品。盲铆钉可以紧固金属、塑料、复合材料、木料和纤维板。

(1)盲铆接的原理 盲铆接在汽车车身维修中多数采用气动/电动铆钉枪进行盲铆接作业,有些也可以通过气动液压铆钉枪的拉铆配件进行盲铆接作业,铆接结构盲铆钉的剪切强度由钉杆和套管的剪切强度相加而得,沿着连接件间的剪切线产生。结构盲铆钉的拉伸强度与锁紧螺栓不同，结构盲铆钉会通过尾部变形或套管扩张在盲端一侧，形成一个夹紧的锁扣。套管以及永久锁在其中的钉杆的部分会防止紧固件沿中线的失效，如图6-20所示。

1）变形。铆接过程中套管会受到挤压，引起它向外变形鼓起。这个鼓起的部分紧紧压在被连接的材料上。一旦钉杆永久地锁到位，断尾就会被拉断，完成整个过程。

2）扩张。拉动钉杆尾部，将钉杆头部拉入套管中。这样套管的扩张会形成一个紧压住被连接材料的贴合面。注意：在实际使用中，盲铆钉的预紧力会根据铆接设备拉力应用状况的不同而变化。

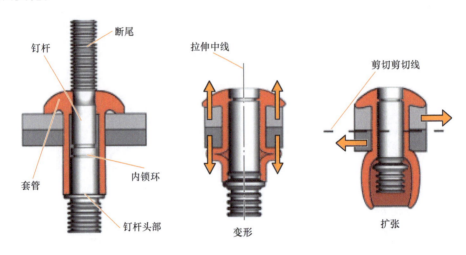

图 6-20 盲铆钉铆接原理图

（2）盲铆接过程　铆钉枪盲铆接过程如图6-21所示。
1）盲铆钉安装进钻好的孔。铆钉枪妥当套在紧固件尾部。
2）启动铆钉枪，紧固件盲端一侧开始变形。
3）连接处锁紧，内锁环形成。
4）钉杆尾部断开，安装完成。

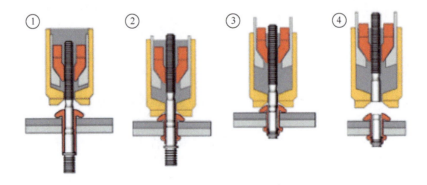

图 6-21 铆钉枪盲铆接过程

（3）盲铆接工具设备

1）气动/电动铆钉枪如图6-22所示。

气动铆钉枪

电动铆钉枪

图6-22　气动/电动铆钉枪

2）配套盲铆接配件的气动液压铆钉枪，如图6-23所示。

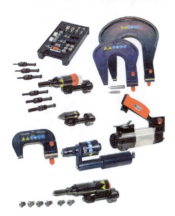

图6-23　配套盲铆接配件的气动液压铆钉枪

（4）盲铆接实操过程　盲铆接实操过程如下：

1）根据铆接位置孔径的大小选择合适的铆钉及其配套的拉铆头，如图6-24所示。

2）将拉铆头安装在盲铆接适配器上，如图6-25所示。

3）将铆钉外部套管插入待铆接孔洞中，如图6-26所示。

4）将铆钉和盲铆接适配器紧贴并垂直于待铆接板件上，如图6-27所示。

5）按下控制开关扳机，拉铆枪开始加

图6-24　选择合适的铆钉和拉铆头

压，随后完成铆接工作，如图 6-28 所示。

图 6-25　安装拉铆头

图 6-26　将铆钉外部套管插入待铆接孔洞中

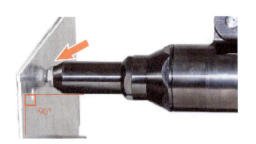

图 6-27　紧贴并垂直放置铆钉和盲铆接适配器

图 6-28　盲铆接作业

3. 冲孔铆接

冲孔铆接一般用于钻除铆钉或者焊点出现了一个空洞之后，采用半空心铆钉铆接作业。

任务实施

（一）作业准备

1. 设备器材

多媒体教室、各种黏结剂粘接的模拟板件、各式铆接接合的模拟板件、胶粘铆接接合的模拟板件、气动液压铆钉枪及其铆接组件、气动/电动铆钉枪、电动打胶枪、双组分气动胶枪、红外测温仪、拉力机。

2. 场地设施

理实一体化教室。

3. 耗材

若干卡片纸。

（二）工作计划

将学生分为四组在理实一体化教室，采用讲授法、分组讨论法和实践法等方法让学生熟悉汽车车身黏结剂粘接技术以及车身各式铆接技术，同时学习和认知胶粘常用到的工具设备以及铆接作业常用到的工具设备。

（三）实施工作

1）准备工具。

① 在作业前，准备好所需要的工具设备，并确保设备可以正常使用。

② 火焰涂层的作业是_____。

2）铆接前必须要用大力钳夹紧固定板件，使板件紧密贴合。

3）行业铆接工艺标准。

采用铆接连接时，铆钉的直径应为板件厚度的_____倍，以_____板件的厚度为准。铆接的钉距应为铆钉直径的_____倍，偏差不得超过_____。铆接的边距应为铆钉直径的_____倍，偏差不得超过_____。

4）铆钉连接。

在汽车维修中铆接开孔的直径最大不得超过铆钉直径_____，开孔后要注意刮除孔边的飞边等。

5）铆钉枪调整。

要根据铆钉的规格、型号和强度选用正确的铆钉枪及其夹头或冲头，要注意铆接时的压力或拉力调节，必须根据_____和_____选择适当的压力或拉力，否则会导致铆接缺陷，严重者会导致工件过度延展甚至开裂。

6）作业事项。

实施作业时要确保枪头始终_____工件表面，否则可能会导致铆接缺陷。

7）修整完毕，整理工位，6S 管理。

任务练习

填空题

1）对于现代轻量化铝合金车身，传统的钢材维修方式，如电阻点焊不再适用，常使用_____技术进行铝合金车身的维修更换作业。

2）黏结剂按照化学分类分为_____和_____。

3）黏结剂按照用途可分为_____、_____以及_____。

4）在清洁完粘接表面后，需要对裸金属表面进行钝化处理，常使用的工具有_____。

5）为了避免铝合金车身因为高温发生变形或熔化，需要使用_____对温度进行严格控制。

6）当进行铝质车身维修更换时，常使用的铆接方式有_____。

7）当进行冲压铆接作业时，使用到的工具设备有_____。

任务评价

评价指标			学生自评（30%）	小组互评（30%）	教师评价（40%）
素质评价（20%）	劳动态度（4分）				
	工作纪律（4分）				
	安全操作（4分）				
	环境保护（4分）				
	团队协作（4分）				
技能评价（80%）	工具使用（10分）				
	任务方案（10分）				
	实施步骤（40分）	安全防护穿戴			
		工具的准备			
		作业的标准			
		铆钉枪调节			
		作业练习			
		作业注意事项			
		6S 管理			
	完成结果（10分）				
	作业完成（10分）				
本次得分					
最终得分					

教师签名：_____

日期：_____年____月____日

项目六 车身板件胶粘铆接技术

任务二
胶粘铆接技术的运用

 任务目标

知识目标	1. 描述铆接作业的规范。
	2. 说出胶粘铆接技术更换车身非结构件（后侧围板）的基本流程。
	3. 说出胶粘铆接技术更换车身结构件（前纵梁前端）的基本流程。
	4. 列举出车身胶粘铆接工具设备的安全操作规范。
能力目标	能对车身非结构件及结构件进行系列的更换。

 知识准备

一、铆接工艺的概述

使用铆钉将两件或两件以上的工件连接在一起的方法称为铆接。本质上铆接工艺是通过发生塑性变形来实现连接效果的。根据铆接工艺和铆钉形式的不同，它可以细分为很多种类，在一些高档车型的制造工艺里，主要采用了冲压铆接工艺，尤其是在铝质车身中，其功能类似于钢制车身的电阻点焊工艺。总体来讲，铆接工艺作业不破坏工件表面防腐层，不受工件材料的限制，连接强度高、工艺稳定、操作简便、成本低，所以应用也比较广泛。

二、铆接规范

在汽车售后维修中，根据汽车厂家的维修规定，在汽车的某些部位需要使用铆接来完成维修。根据结构型式和形状的不同，铆钉又可以分为很多种，如实心铆钉、空心铆钉、半圆头铆钉、沉头铆钉、平头铆钉和盲铆钉等，具体使用位置及方法要根据汽车厂家维修手册确认。

（一）铆接规范要点

通常来说，材料不同、直径不同、长度不同，铆钉的承载力也不同，维修时要根据实际情况选用正确规格和型号的铆钉。

1）铆接前必须要用大力钳夹紧固定板件，使板件紧密贴合。

2）按照行业铆接工艺标准，采用铆接连接时，铆钉的直径应为板件厚度的2倍，以最薄板件的厚度为准。铆接的钉距应为铆钉直径的3倍，偏差不得超过±1mm。铆接的边距应为铆钉直径的2倍，偏差不得超过±1mm。

3）铆钉连接的强度还取决于铆钉孔的开孔精度及其表面质量。在汽车维修中铆接开孔的直径最大不得超过铆钉直径0.2mm，开孔后要注意刮除孔边的飞边等。

4）要根据铆钉的规格、型号、强度选用正确的铆钉枪及其夹头或冲头，否则不仅无法完成铆接作业，严重者还会损坏工具及工件。

5）要注意铆接时的压力或拉力调节，必须根据板厚和板件性能选择适当的压力或拉力，否则会导致铆接缺陷，严重者会导致工件过度延展甚至开裂。

6）实施作业时要确保枪头始终垂直正对工件表面，否则可能会导致铆接缺陷。

（二）铆接质量标准

铆接后要检查铆钉的表面质量，铆钉头不得有碰伤、压坑和裂纹等缺陷。

1）铆钉头必须与工件紧密贴合，如果局部有间隙，半圆头铆钉的间隙不得超过0.05mm，沉头铆钉的间隙不得超过0.04mm，间隙总长度不得超过铆钉头周长的10%。

2）在铆接过程中，铆钉周围的工件表面会出现一定的下陷，铆钉头周围5mm内的工件表面凹陷不得超过0.2mm，否则会造成对工件的过度挤压。

3）铆接过程中铆钉会发生塑性变形，其中一部分材料可能会在压力的作用下挤入两个板面之间，形成缝隙，这种情况是不允许的，一旦出现必须重新实施铆接作业。

4）两个铆钉之间的工件间隙不得超过0.3mm。

5）铆钉头可能会出现裂纹，但是裂纹不得相交，裂纹深度不得超过铆钉头高度的1/4。

6）铆钉头上的局部凹陷深度不得超过铆钉头高度的1/4。

7）铆钉头上不得出现环状压痕。

8）铆接后不得露出铆接孔。

三、胶粘铆接技术更换后侧围板的作业流程

1. 配件查询

根据车身损伤的位置（某款高端汽车后翼子板更换），确定需要拆卸的相关附件，查看仓库备件是否符合要求，如图6-29所示。

2. 专用工具设备、耗材及个人防护用品的准备

准备所有的工具设备、耗材及个人防护用品，图6-30所示为铝合金专用工具组套。注意：为了防止出现铝制车身的腐蚀，修复铝质车身必须要有单独整套专用的车身修复工具，不能与钢质车身修复工具混用，因为钢铁和铝在一定条件下会存在电化学反应，使铝加速腐蚀。

3. 标记好切割位置（根据原厂车身维修说明）

参考汽车原厂车身维修说明，确定车身后侧围板的切割位置，可以先使用水性记号笔根据维修说明标记好各个切割位置，再使用划线针配合钢直尺刻画出清晰的切割线，最后使用遮蔽胶带沿着切割线的上缘粘贴，如图6-31所示。

项目六 车身板件胶粘铆接技术

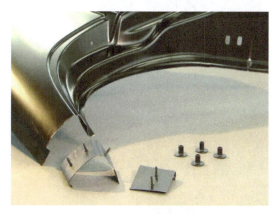

图 6-29 配件查询

图 6-30 铝合金专用工具组套

标记好切割位置

图 6-31 标记切割位置

4. 使用气动切割锯切割、分离板件

使用气动切割锯从确定并标记好的切割位置断开板件连接，注意不要伤及背板并保持切割精度，如图 6-32 所示。

切割分离板件

图 6-32 使用气动切割锯切割、分离板件

5. 确定电阻点焊焊点的位置

使用中心冲配合手顶铁对准电阻点焊焊点的中心，使用钣金锤敲击留下印记，再使用环带打磨机打磨电阻点焊的位置，如图 6-33 所示。

209

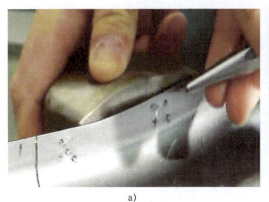

　　　　　　　a)　　　　　　　　　　　　　　　　　　　　b)

图 6-33　确定电阻点焊焊点的位置

a）使用钣金锤和垫铁找出点焊位置　b）使用环带砂轮机打磨焊点

6. 去除电阻点焊焊点

使用气动焊点去除钻去除电阻点焊焊点，注意调节钻头的切削深度，以防伤害下层板件，如图 6-34 所示。

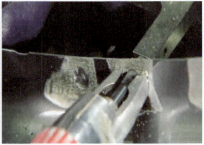

图 6-34　去除电阻点焊焊点

电阻点焊
焊点去除

7. 移除损坏板件

使用铲刀配合钣金锤剔下损伤的旧件，注意勿使背板损伤或者变形，如图 6-35 所示。如果难以取下，可能原厂背面就有胶粘工艺，可以辅助热风枪取下损坏的板件。

8. 剔除残料

首先使用中心冲配合手顶铁找到后翼子板残料的电阻点焊焊点，其次使用气动焊点去除钻去除电阻点焊焊点，使用钳类工具将后翼子板残料剔除完毕，如图 6-36 所示。同时需要使用刮胶刀刮除背板上的防锈胶层。

9. 背板修整

打磨剔除掉背板上的残留物，如果背板变形应做整形作业，以确保后续的连接精度，如图 6-37 所示。

项目六　车身板件胶粘铆接技术

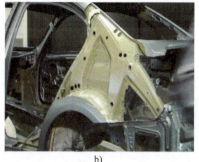

移除损坏板件

图 6-35　移除损坏板件
a）使用扁凿分离密封胶　b）损坏板件移除后

背板修整

图 6-36　剔除残料　　　　　　图 6-37　背板修整

10. 新件的对比切割

将旧板件叠放在新板件上，使用划线针刻划出切割线，再使用气动切割锯沿着切割线进行对比切割，如图 6-38 所示。注意确保装配精度和切口的尺寸精度。

11. 消除接口端头的飞边

使用钣金锉刀（平锉等）消除新件以及原车身上接口端头的飞边，如图 6-39 所示。

图 6-38　新件的对比切割

211

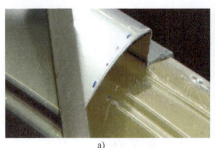 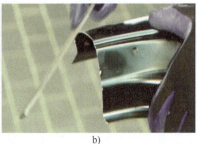 

加强件的修整与安装

图 6-39　消除接口端头的飞边

a）旧板件消除飞边　b）新板件消除飞边

12. 加强件的修整与安装

将加强件预安装在汽车车身上（车门槛板、C 立柱切割位置上），使用水性记号笔标记好加强件螺栓的位置，再取下预安装到新件上，分别标记好加强件螺栓的位置（图 6-40），再使用环带打磨机打磨各个标记位置，打磨到标记位置向里凹为止，如图 6-41 所示。

图 6-40　标记好加强件螺栓的位置

13. 预拼装

先将两个加强件安装到车身上，再把加强件螺母拧在加强件螺栓上，然后将新件预拼装到车身上，最后使用铝合金专用工具将切割比对好的新件安装固定在车身上，如图 6-42 所示。

14. 比对车身间隙

使用车身间隙量规测量预拼装好的后翼子板与后车门、行李舱边缘的间隙，如图 6-43 所示。

图 6-41　打磨标记位置

预拼装

图 6-42　预拼装

图 6-43　比对车身间隙

15. 标记冲压铆接与盲铆接的位置（根据原厂车身维修说明）

根据原厂车身维修说明，在预拼装好的后侧围板上标记好冲压铆接与盲铆接的位置，注意标记冲压铆接与盲铆接位置的符号尽量不同，如使用"○"标示冲压铆接位置，使用"×"表示盲铆接位置，如图 6-44 所示。

标记冲压铆接与盲铆接位置

图 6-44　标记冲压铆接与盲铆接的位置

16. 盲铆接预钻孔

根据盲铆钉尺寸确定铆钉孔尺寸，即可以确定钻头的尺寸，铆钉孔过大或过小都不能实现正确连接。铆接前要在废弃工件上试验，以免所打的铆钉孔出现批量问题，图 6-45 所示为使用低速气钻配合钻头对准标记好的盲铆接位置进行钻孔。

17. 消除钻孔后周边留下的飞边

盲铆接预钻孔完成后，拆下新件放置在合适的支架上面，再使用环带打磨机打磨掉钻孔后周边留下的飞边，如图 6-46 所示。

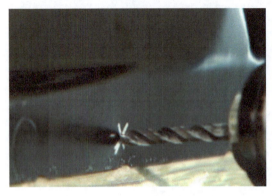

图 6-45 使用低速气钻配合钻头对准标记好的盲铆接位置进行钻孔

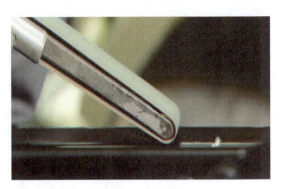

图 6-46 消除钻孔后周边留下的飞边

18. 新件内板、车身背板、加强件的清洁脱脂

使用集尘器吸出残留在车身内部的切割打磨粉尘，再使用脱脂清洁剂施喷在车身背板、新件内板与加强件上，然后用干净的擦拭布擦拭整个施喷板面，如图 6-47 所示。

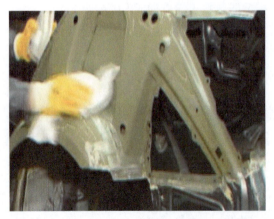

图 6-47 新件内板、车身背板、加强件的清洁脱脂

板件清洁

19. 加强件的涂胶与安装

将双组分结构胶安装到双组分胶枪上，并且装上胶嘴，再将双组分结构胶"S"形涂抹在加强件的一端，然后将其安装到车身的接头端口上，如图 6-48 所示。安装完成后，可以继续使用双组分结构胶将加强件另一端涂抹完成。

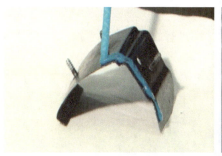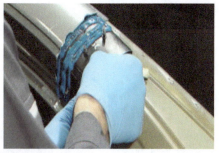

加强件的涂胶与安装

图 6-48　加强件的涂胶与安装

20. 车身背板的涂胶作业

将大管双组分结构胶安装到电动打胶枪上，并且装上胶嘴，使其充分混合，如图 6-49 所示，再将双组分结构胶沿着车身背板的边沿连续施涂，如图 6-50 所示。注意：黏结剂必须涂在阴极底漆表面。当涂于裸金属零件上时，仅适用于结构型钢部件、经拉伸和打磨的板件以及空隙焊或锡焊位置。黏结剂筒的温度必须在 20~30℃ 范围内。

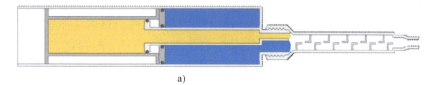

a)

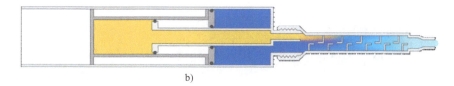

b)

图 6-49　双组分结构胶的混合（电动打胶枪辅助）

a）双组分结构胶混合前　b）双组分结构胶混合后

车身背板的涂胶作业

图 6-50　车身背板的涂胶作业

21. 新件的安装固定

将新板件安装到车身背板上，均匀按压，再将加强件螺母拧在加强件螺栓上面，使用T形套筒加紧，如图6-51所示。

图6-51　新件的安装固定

22. 盲铆接

将盲铆钉安装到预先钻好的孔洞里面，使用气动铆钉枪进行盲铆接作业，注意应该垂直铆接：垂直铆接工件平面的方向将产品送入待铆接的工件孔中，铆钉帽檐贴紧工件孔的端面。不允许倾斜插入、帽檐与工件表面不允许留间隙，否则导致铆钉出现偏斜，铆接件松动且不能有效承载，如图6-52所示（盲铆接是用于双面无法触及的区域，选择使用气动铆钉枪安装规定型号的盲铆钉）。

图6-52　使用气动铆钉枪进行盲铆接作业

铆接作业

23. 冲压铆接

根据冲压铆钉的尺寸选用正确的冲头组合，安装到气动液压铆钉枪上，连接压缩空气，调节合适的压力，然后安装冲压铆钉，可以使用废料进行试验铆接效果。效果良好就可以对准标记好的冲压铆接位置进行铆接作业，如图6-53所示。

图6-53　使用气动液压铆钉枪进行冲压铆接作业

24. 后翼子板靠近车身轮罩处的修整

使用手顶铁包裹好擦拭布辅助钣金锤对后翼子板靠近车身轮罩处进行修整，如图 6-54 所示。

25. 加强件固定螺钉的切割、分离

在黏结剂确认干燥固化后，先用遮蔽胶带将上部未损伤的部位进行遮盖，再使用气动切割锯沿着加强件固定螺钉的下边缘进行切割作业，如图 6-55 所示。

图 6-54　后翼子板靠近车身轮罩处的修整　　　图 6-55　加强件固定螺钉的切割、分离

注意：只有当用指甲按压黏结剂表面而未出现凹陷时，才能对车辆进行下一道工序。由于黏结剂固化需要一定的时间，因此，必要时应调整维修中心的一般时间安排。休息时段（如夜间）是进行固化的最佳时间。且当温度低于 15℃ 时，黏结剂无法固化。必要时，可使用红外加热灯加速固化，固化时间将缩短至 30min（目标温度为 85℃）。

26. 打磨

使用单作用打磨机打磨接合部位周边的旧漆层，使其打磨到裸金属的状态。再使用环带打磨机沿着粘接的缝隙处进行打磨，如图 6-56 所示。

图 6-56　打磨

27. 接缝处理

仅需在客户可见的位置使用金属填充剂，而在其他位置，只需对已固化的黏结剂表面（如车门槛元件下方）进行打磨即可。在使用金属填充剂（油灰）之前，必须使用气动研磨机配合不锈钢刮丝带彻底清除接缝处的黏结剂，以避免上漆后留下明显的接缝痕迹，如

图 6-57 所示。

图 6-57 接缝处理

接缝处理

28. 金属填充剂的使用

由于黏结剂的固化处理会产生一定的收缩效果，因此应使用充足的金属填充剂。

首先根据车厂比例调配好金属填充剂，再使用刮刀将金属填充剂均匀填充在黏结剂的接缝处，如图 6-58 所示。

a)

b)

图 6-58 金属填充剂的使用
a）金属填充剂的调配　b）接缝填充

金属填充剂的使用及干燥

29. 金属填充剂的干燥

使用短波红外线烤灯对金属填充剂进行烘烤，等待固化，首先是不超过 50℃ 固化至少 10min，避免气泡、气孔的出现，然后 75℃ 下固化 10min，然后 85℃ 下固化 10min，为了防止上漆阶段完成后发生材料收缩，在加热过程中应该使用红外测温仪对金属表面的温度进行测定（必须用短波红外线烤灯进行温度测量，以防造成错误的温度值），如图 6-59 所示。

图 6-59 金属填充剂的干燥

30. 金属填充剂的打磨以及气孔处理

等待金属填充剂冷却后可先使用钣金锉刀对金属填充剂进行粗打磨，再使用打磨抵板夹住砂纸进行精细打磨，如图 6-60 所示。如果出现气孔，使用钻头（直径为 4.2mm）手动将气孔呈 V 形打开，再用聚酯纤维填充物填充该区域，如图 6-61 所示。

图 6-60　金属填充剂的打磨

图 6-61　气孔处理

金属填充剂的打磨

四、胶粘铆接技术的运用（更换铝合金车身前纵梁组件——前纵梁前端、前照灯支架）

胶粘铆接技术常用于铝合金车身板件的更换作业，其低能源消耗，对板件没有热渗透，同时不受表面状态的影响。

现在讲述一下某铝合金车头前纵梁组件的更换流程，图 6-62 所示为某车车头铝合金部分。

（一）铝合金车身胶粘铆接的工具及设备

1. 防爆集尘吸尘系统

铝合金车身在打磨过程中，会产生很多铝粉，铝粉不但对人体有害，而且易燃易爆，所以修复铝合金车身要有防爆用的集尘吸尘系统及时回收铝粉，铝合金打磨防爆集尘吸尘系统如图 6-63 所示。

2. 螺柱焊机与装有保护气体（82% 氩气、18% 二氧化碳）的储气瓶

铝合金车身在原厂制造中多采用冲压铆接技术，在车身发生损伤后，需要拆除冲压铆钉，螺柱焊机用于焊接特种钢螺柱在冲压铆钉头上，方便后续拆除冲压铆钉，如图 6-64 所示。

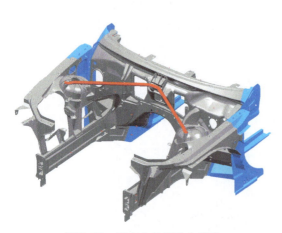

图 6-62 某车车头铝合金部分

图 6-63 铝合金打磨防爆集尘吸尘系统

a)

b)

c)

图 6-64 螺柱焊机与装有保护气体（82% 氩气、18% 二氧化碳）的储气瓶
a）螺柱焊接设备 b）在车身铆钉上焊接螺柱 c）焊接好的螺柱

3. 通用铆接钳

通用铆接钳用于拉出特种钢螺柱和焊上的铆钉，如图 6-65 所示。

4. 特种钢螺柱

特种钢螺柱用于辅助螺柱焊机焊接于冲压铆钉上，如图 6-66 所示。

5. 校正定位设备

在更换车身结构部件时，需要使用专用的校正定位设备进行损伤判断以及新板件的定位，图 6-67 所示为专用模具式车身校正设备。

项目六 车身板件胶粘铆接技术

 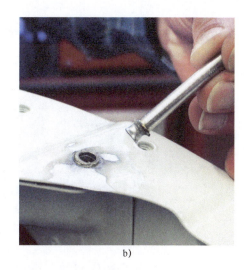

图 6-65 通用铆钉钳拉出车身冲压铆钉

a）通用铆接钳 b）车身冲压铆钉拉出

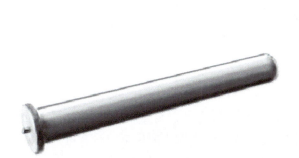 

图 6-66 特种钢螺柱　　　　　图 6-67 专用模具式车身校正设备

（二）铝合金车身胶粘铆接作业流程

1. 损伤判断

通过专用模具式车身校正设备进行损伤判断，确定铝合金车身前纵梁前端部分与车身前照灯支架发生损伤，如图 6-68 所示。

2. 拉出冲压铆钉

1）使用环带打磨机打磨掉需要拆除的冲压铆钉上的油漆和深灰色涂层。

221

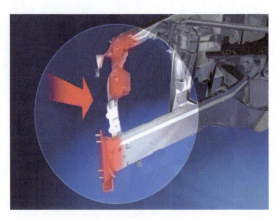

图 6-68　铝合金车身前纵梁前端部分发生损伤

2) 在螺柱焊炬上装上特种钢螺柱，将螺柱放在铆钉中间，扣下扳机垂直焊接，如图 6-69 所示。此时，焊接螺栓的区域位于两个接地端子之间。如果可能，把两个端子定位在铆钉所在板的上半部。

图 6-69　焊接特种钢螺柱

拆除损伤板件

3) 使用通用铆接钳垂直拉出焊接在板件上的螺柱和焊上的铆钉，如图 6-70 所示。如果在维修说明中未能做其他说明，使用大的塑料套口件，并在使用前检查塑料套口件的磨损情况。注意塑料套口件必须在四周平贴在板材上，如有必要，磨掉塑料套口件的碰撞部分。

3. 定位切割

1) 查找维修手册确定前纵梁以及前照灯支架的分割线，如图 6-71 所示。可以先使用水性记号笔根据维修说明标记好切割位置，再使用划线针配合钢直尺刻划出清晰的切割线。

2) 使用气动切割锯从确定并标记好的切割位置断开板件连接，注意保证切割精度，如图 6-72 所示。

项目六 车身板件胶粘铆接技术

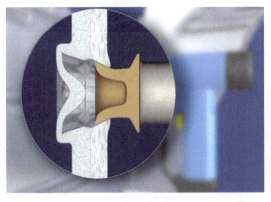 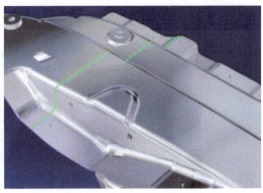

图 6-70 使用通用铆接钳垂直拉出焊接在板件上的螺柱和焊上的铆钉　　图 6-71 查找维修手册确定分割线

4. 新件（前纵梁前端）校正定位

1）在新件上确定好分割线，并且使用气动切割锯进行切割分离。

2）使用前纵梁头固定模具将新件固定在相应位置上，如图 6-73 所示。

 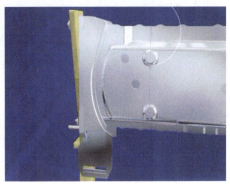

图 6-72 精准切割　　图 6-73 新件预定位

3）使用低速气钻配合钻头在两板件接缝处进行钻孔，方便后续安装插入件固定螺栓，同时保证钻孔孔径略大于插入件固定螺栓直径，如图 6-74 所示。

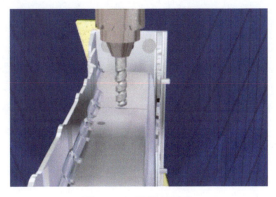

图 6-74 接缝处钻孔

前纵梁前端的更换

5. 板件的打磨清洁

1）拆下新件，使用带吸尘功能的打磨机打磨板件接合部位的油漆和深灰色涂层至裸金属状态，为了更好地黏附，使用优质不锈钢刷或者无纺布将黏结面上氧化物膜和油漆去除。

2）使用乙醇、异丙醇、丙酮或酒精清洁板件及插入件的黏结面（图6-75），让清洁的表面晾干约5min，使黏结面完全干燥。

6. 火焰表面涂层

使用火焰涂层时火焰对着黏结面慢慢移动进行钝化处理，避免用火焰的蓝色部分燃烧。

7. 板件的打磨清洁

用刷子、棉纸或者相似物涂敷底漆涂在要黏结的两面（当金属有余温时比较有效，约为50℃），涂布后静置5min。

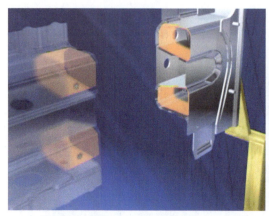
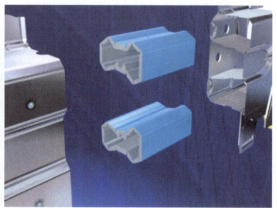

图6-75 清洁黏结面

8. 黏结剂的涂敷

1）将黏结剂筒装入电动打胶枪中，取下盖子，然后排出两种黏结剂成分。黏结剂成分均匀挤出，再安装混合管。

2）使用套筒拧上插入件固定螺栓。

3）扣下胶枪扳机挤出约10cm长的混合黏结剂，然后在插入件黏结面的每一面涂敷混合黏结剂，如图6-76所示。

4）用刮刀在黏结面上抹平黏结剂，涂层厚度约为2mm（取决于粘接间隙），注意：黏结剂必须涂在阴极底漆表面。黏结剂筒的温度必须在15~25℃范围内。

5）装入涂抹好混合黏结剂插入件于车身板件中（图6-77），并在插入件黏结面的另一面涂敷混合黏结剂。

6）插入新件前纵梁前端（图6-78），并且使用前纵梁头专用模具进行固定支撑。

7）使用套筒松开插入件固定螺栓（夹紧件的膨胀螺栓），使插入件膨胀与四周接触，如图6-79所示。

8）使用刮刀将接缝处溢出的黏结剂刮平。

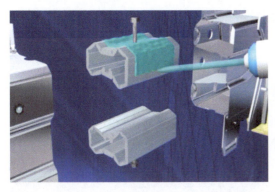
图 6-76 在插入件黏结面的每一面涂敷混合黏结剂

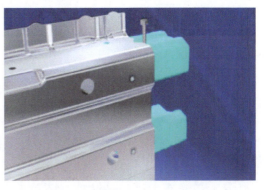
图 6-77 装入涂抹好混合黏结剂插入件

图 6-78 插入新件

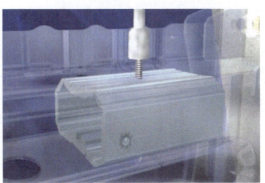
图 6-79 松开插入件固定螺栓

9. 铆接

1）查找维修手册选择盲铆钉的大小，以确定选择钻头的大小。

2）使用前照灯支架固定模具进行校正定位尺寸。

3）将盲铆钉定位在与拉出的冲孔铆钉相同的位置上，如有必要，把铆钉的位置标到新零件上。

4）使用低速气钻配合钻头在标记位置进行钻孔（直径为 4.2mm，用于 4mm 的铆钉；直径为 6.7mm，用于 6.5mm 的铆钉），如图 6-80 所示。

图 6-80 钻孔作业

5）打磨并清洁新前照灯支架与车身板件的黏结面。

6）使用火焰涂层时火焰要对着黏结面进行钝化处理，并用刷子、棉纸蘸底漆涂在要涂敷黏结剂的两面。

7）以双组分黏结剂涂敷约 2mm 的厚度（图 6-81），拼装新的前照灯支架，并且使用前照灯支架专用模具进行固定支撑。

8）插入盲铆钉在钻好的孔内，使用电动盲铆钉枪进行铆接作业，如图 6-82 所示。

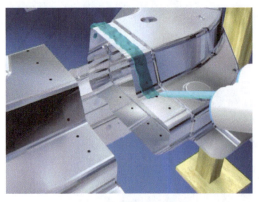

图 6-81　涂敷双组分黏结剂

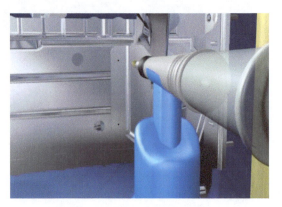

图 6-82　铆接作业

10. 干燥及防腐

1）在温度为 15℃时黏结剂干燥至少需要 12h，在此 12h 内，固定的模具不可从校正台上拆除下来。

2）等黏结剂完全固化后，再进行防腐涂装等作业。

任务实施

（一）作业准备

1. 技术要求与标准

按照铆接作业规范和作业标准进行作业。

2. 设备器材

多媒体教室、专用模具式大梁校正仪、车型专属模具、气动/电动铆钉枪、环带打磨机、气动切割锯、气动电阻焊点去除钻、防爆集尘吸尘系统以及双动打磨机、螺钉焊机、电动打胶枪、通用铆钉、刮刀、短波红外线烤灯、铝合金整体式车身或者铝车身模拟板件等。

3. 场地设施

理实一体化教室、铝合金车身独立封闭的实操实训场地。

4. 耗材

车身双组分结构胶、焊接螺柱、钻头、气动切割锯锯片、环带打磨砂纸、清洁剂（乙醇、异丙醇、丙酮或酒精）、金属填充剂（油灰）、干净抹布等。

5. 防护用品

工作服、工作鞋、防护手套、护目镜、耳塞、耐溶剂手套。

（二）工作计划

1）先将学生分为四组，在理实一体化的教室，采用讲授法、视频观摩法等方法学习汽车车身铆接作业规范和作业标准，同时通过视频学习使用胶粘铆接技术更换铝合金车身非结构件（后侧围板）以及结构件（前纵梁前端）的流程。

2）将学生四个分为一组，以胶粘铆接技术进行铝合金整体式车身或者铝车身模拟板件的更换作业。

（三）实施工作

胶粘铆接技术更换后侧围板的作业流程如下：

1）配件查询。

2）专用工具设备、耗材及个人防护用品的准备。

3）标记好切割位置。

4）使用气动切割锯切割、分离板件。

使用气动切割锯从确定并标记好的切割位置断开板件连接，不要伤到_____。

5）确定电阻点焊焊点的位置并钻除。

使用气动焊点去除钻去除电阻点焊焊点，注意调节钻头的_____，以防伤害下层板件。

6）移除损坏板件并剔除旧料。

7）背板修整。

8）新件的对比切割、去除飞边。

9）加强件的修整与安装。

10）预安装，比对车身间隙。

11）标记位置，盲铆接预钻孔，去除飞边。

6mm 的盲铆钉使用_____的钻头钻孔。

12）涂胶与安装。

涂胶与安装之前需要_____、_____、_____。

13）铆接。

后侧围板胶粘铆接作业最常用到_____和_____两种铆接方式。

14）外观修正。

外观修正包括加强件固定螺钉的切割、旧漆的打磨和_____、_____。

15）修整完毕，整理工位，6S 管理。

任务练习

1. 填空题

1）在车身维修作业中，常使用的铆钉的形式有_____、_____和_____。

2）铆接作业前，需要进行车身板件的定位，使用到的工具设备包括_____和

_____。

3）在拆除原厂冲压铆钉时，常使用到的设备包括_____、_____以及_____。

4）使用盲铆钉铆接作业时，有时需要在新板件上进行钻孔作业，采用 4mm 铆钉时，开孔大小为_____mm；采用 6.5mm 铆钉时，开孔大小为_____mm。

5）由于黏结剂的固化处理会产生一定的收缩效果，因此应使用_____进行填充作业，为了加速其干燥时间，可以使用_____烘烤作业，为了防止上漆阶段完成后发生材料收缩，加热过程中应该使用_____对金属表面温度进行测定。

2. 单选题

1）铆接工艺作业是（　　）。
  A. 会破坏表面防腐层　　　　　　B. 不受材料限制
  C. 板件材料发生变化　　　　　　D. 板件发生弯曲

2）进行铆接作业时，铆钉头周围 5mm 内的工件表面凹陷不得超过（　　）。
  A. 0.2mm　　　　　　　　　　　B. 0.3mm
  C. 0.4mm　　　　　　　　　　　D. 0.5mm

3）铆钉头可能会出现裂纹，但是裂纹不得相交，裂纹深度不得超过铆钉头高度的（　　）。
  A. 1/2　　　　　　　　　　　　B. 1/3
  C. 1/4　　　　　　　　　　　　D. 1/5

4）在金属填充剂干燥后，需要进行粗打磨和精细打磨，如果打磨后出现气孔，可使用（　　）钻头以 V 形打开。
  A. 4mm　　　B. 4.2mm　　　C. 6.7mm　　　D. 8mm

5）铝合金车身在原厂制造中多采用冲压铆接技术，在车身发生损伤后，需要拆除冲压铆钉，常使用螺柱焊机配合浓度（　　）气体进行焊接螺钉作业。
  A. 100% 二氧化碳　　　　　　　B. 75% 二氧化碳 +25% 氩气
  C. 80% 氩气 +20% 二氧化碳　　 D. 80% 二氧化碳 +20% 氩气

任务评价

评价指标		学生自评（30%）	小组互评（30%）	教师评价（40%）
素质评价（20%）	劳动态度（4分）			
	工作纪律（4分）			
	安全操作（4分）			
	环境保护（4分）			
	团队协作（4分）			

（续）

评价指标			学生自评（30%）	小组互评（30%）	教师评价（40%）
技能评价（80%）		工具使用（10分）			
		任务方案（10分）			
	实施步骤（40分）	安全防护穿戴			
		工具的准备			
		旧件的分离拆除			
		结构胶的涂抹			
		新件的安装			
		填充剂的填充打磨			
		6S管理			
		完成结果（10分）			
		作业完成（10分）			
本次得分					
最终得分					

教师签名：_____

日期：_____年___月___日